国家出版基金项目
NATIONAL PUBLICATION FOUNDATION

河北省优秀出版物
Excellent publications of Hebei Province

“十三五”国家重点出版物出版规划项目

有机乡村

乡村振兴探索丛书

丛书主编\张孝德 叶培红

YOUJI XIANGCUN
XIANGCUN ZHENXING TANSUO CONGSHU

黄志友　崔国辉　编著

河北出版传媒集团
河北人民出版社
石家庄

图书在版编目（CIP）数据

有机乡村 / 黄志友，崔国辉编著. -- 石家庄 : 河北人民出版社，2019.4
（乡村振兴探索丛书 / 张孝德，叶培红主编）
ISBN 978-7-202-13581-5

Ⅰ. ①有… Ⅱ. ①黄… ②崔… Ⅲ. ①有机农业－产业发展－案例－中国 Ⅳ. ①F323

中国版本图书馆CIP数据核字(2018)第260122号

丛 书 名　乡村振兴探索丛书
丛书主编　张孝德　叶培红
书　　名　有机乡村
编　　著　黄志友　崔国辉

策划编辑　荆彦周
责任编辑　沈鸿雁
美术编辑　于艳红
责任校对　付敬华
封面设计　张　宾

出版发行　河北出版传媒集团　河北人民出版社
（石家庄市友谊北大街330号）
印　　刷　保定华升印刷有限公司
开　　本　787毫米×1092毫米　1/16
印　　张　16.5
字　　数　170 000
版　　次　2019年4月第1版　2019年4月第1次印刷
书　　号　ISBN 978-7-202-13581-5
定　　价　62.00元

总　序

迈向新时代第三次乡村复兴

十九大提出的乡村振兴战略，不仅仅是为了乡村自身发展的需要，更是关系到中国迈向新时代的前途命运与未来发展走向的大战略。

乡村有乾坤，事关天下事。近代以来，影响西方文明发展的大事件，都与城市有关。从500年前源于地中海城市的文艺复兴到18世纪的英国工业革命，从法国19世纪的巴黎革命到美国现代的科技创新，无不是基于城市改革兴起，从而改变了世界发展的格局与走向。然而，近代以来，影响中国前途命运的大事件，却都与中国乡村有关。

第一次乡村复兴，是毛泽东领导的新民主主义革命。国民党试图走西方式的道路，依靠城市资产阶级革命实现中国从古代到现代文明的转型，然而历史选择了毛泽东领导的中国共产党所走的农村包围城市的革命道路，完成了建立新中国的伟大使命。

第二次乡村复兴，是邓小平领导的发端于乡村的改革开放。以家庭联产承包责任制为内容的乡村土地改革，成功开启了中国改革开放之路，使中国再次在乡村找到了中国改革开放的动力源头。正是农村土地承包制形成的改革示范效应，带动了后来的城市改革；正是农村改革释放的生产力，解决了中国农业发展难题；正是产生于乡村的乡镇企业，成为中国最早的市场经济主体。改革开放40年取得的巨大成功再度证明，中国的农村与农民不仅是中国新民主主义革命的基本力量，也是中国改革开放的动力源头和中坚力量。改革开放以来的第二次乡村复兴，不仅使中国农民走向了小康社会，而且继毛泽东的革命立国之后，完成了经济立国的伟大使命。

十九大提出乡村振兴战略，将是把中国再度推向新时代的第三次乡村复兴。乡村作为中华五千年文明之载体、文化传承之根，无论是生态文明建设，还是实现中华民族伟大复兴的中国梦，都需要我们再度从乡村文明复兴启航。如果说第一次乡村复兴释放了蕴藏于乡村的革命力，第二次乡村复兴释放了蕴藏在乡村的经济力，那么第三次乡村复兴，则是乡村蕴含的历史、文化、政治、经济、社会能量的全面释放，是在新时代的召唤下，乡村文明与新时代对接的全面复兴。

500年前，人类文明从古老的农业文明走向工业文明时代的春天，是从地中海的城市复兴带动的文艺复兴开始的。500年后的今天，当代人类从工业文明走向生态文明时代的春天，将从中国乡村文明的复兴开始。以乡村文明复兴为内容的第三次乡村复兴，肩负伟大历史使命，开启的将是人类文明的一个新时代。

对三次中国乡村文明复兴的解读，需要一种新文明观，这是在大时空、长周期视野中才能看到的城市与乡村平等的文明观。站在时代赋予的高度鸟瞰到迄今为止的世界文明，可以发现，世界文明史就是一部乡村文明与城市文明两极交变的人类文明史，乡村和城市恰如太极阴阳的两极，是既对立又统一的关系。农业文明时代是东方乡村文明引领世界发展的时代，工业文明时代是西方城市文明引领世界发展的时代。而生态文明新时代将是源于乡村文明引领世界走向城市与乡村共生均衡发展的全新时代。

在农业文明时代，根植于农耕经济的乡村文明成为引领人类文明的主导文明，创造了东方文明的鼎盛时期。起源于地中海地区的古代工商业经济支撑的西方城邦文明，虽然也有其鼎盛时期，但未能成为长期引领世界的主导文明。特别是从公元5世纪到15世纪的千年之间，当东方农耕文明发展到鼎盛期从而引领世界文明之时，恰恰是西方陷入被史学家称为黑暗中世纪的时期。15世纪后，起源于地中海的城市文明复兴，开启了工业文明新时代，成为西方文明走向世界的开始。与此同时，繁盛了千年之久的东方文明则逐渐进入一个衰微、解构、痛苦转型期。于是，近代以来，曾经引领世界的东方文明，走向了追赶学习西方文明之路。

但是，有着历经数千年历史而形成的高度成熟的中国乡村文明，决定了近代以来中国一直走着一条不同于西方的现代化之路，这就是不断从乡村找到时代发展的起点与动力之路。

城市与乡村是人类文明的阴阳两极。乡村是根，城市是树冠；乡村是人类精神的家园，城市为人类提供了高效率的物质财富；城市解决人类发展问题，乡村则是人类生存的根基；城市开放创新，乡村固本守根。人类文明的健康发展，应该是城市与乡村的均衡发展。

当代人类面临的环境危机，从根源上看即是单极城市发展的危机。被资本增值与市场化激活的消费欲望形成的城市文明，是一个远离自然、缺乏信仰约束的高能耗、高消费的文明。农业与工业失衡造成了粮食危机，南方与北方失衡造成了世界秩序危机，物质与精神失衡造成了精神危机，传统与现代断裂造成了文化危机的深层根源，使城市文明与乡村文明失衡。

携带着西方文明基因的城市化在全球的扩张，给人类文明带来的负效应已大于正效应。当代人类所面临的一系列阴阳失调的危机，都与城市与乡村失衡所衍生出来的危机有关。在人类文明已经严重失衡的背景下，西方经济学家仍在大谈 21 世纪是城市化的世纪，这是对人类发展的误导。如果人类文明的终级目标，是成为一个只有城市、没有乡村文明的世界，那么这意味着人类文明将走向死寂。按照“孤阴不生，孤阳不长”的规律，人类文明演化动力，恰恰根源于城乡两极生克互动之中。

目前改变世界文明航向的力量只能在中国，而 21 世纪中国对世界文明失衡矫正的动力在乡村。中国古老的乡村文明蕴含着化解现代工业文明危机的解药。

世界需要中国贡献给人类文明的，绝不是一个简单重复西方城市化的文明，也不是一个赶上美国成为世界经济总量第一的文明，时代需要中国担当起对矫正世界文明航向、开辟世界文明发展新航线的使命。

我们必须清醒地认识到，经过 40 多年的改革开放，我们低成本追赶西方现代化的时代已经结束，当前中美贸易战的局势正在倒逼我们必须走自己的路，这条路就是十八大提出的生态文明建设之路。生态文明建设绝不是治理环境的权宜之计，而是一条中华民族走向伟大复兴的另类现代化之路。这条另类现代化之路，需要从乡村文明的复兴开始。

站在21世纪的制高点上，我们看到的是一个城市文明主导时代的式微，乡村文明复兴渐起时代的开启。乡村文明复兴并不意味着人类将再度回到农业文明的时代，乡村文明复兴是对当代世界出现的城市与乡村两极文明失衡矫正的需要。在乡村文明的复兴中，重构乡村与城市的均衡关系，不仅是中华民族复兴的必然，也是21世纪生态文明时代发展的新趋势。

在当代中国，对于乡村文明复兴时代使命的认识尚有难度。事实胜于雄辩，鉴于此，在河北人民出版社的大力支持下，这套《乡村振兴探索丛书》得以出版问世。该套丛书告知读者，开启未来新时代最富有创造力的仍然是农民。回望20世纪80年代，中国农村创造的承包制与乡镇企业对中国改革开放曾作出了不可磨灭的贡献；放眼21世纪的今天和未来，中国的乡村和农民，再度以他们的智慧，为乡村文明全面复兴创造了并继续创造着许多感人的故事。这些乡村振兴的故事，虽然尚未形成主流，但代表着并为我们指引着未来的新趋势。

进入21世纪以来，针对中国乡村在轰轰烈烈城市化中面临衰败危机的现状，由中国乡村文明研究中心联合中国人民大学乡村建设研究中心、中国农业大学农民问题研究所、香港施永青基金等多家机构，从2014年开始联合举办“中国乡村文明发展论坛”，到目前为止已经举办了四届，每届论坛都推出十个乡村文明复兴的典型案例。可以说收录在这套丛书中的大部分案例，都来自我们多年跟踪的乡村文明复兴的故事。在此感谢河北人民出版社出版这套丛书，让这些迈向新时代创造新生活的振兴乡村故事能与大家分享。

张孝德

2018年8月20日于山西长治县关头村

目 录

MULU

导 论

生态文明呼唤有机乡村

2001年至今，但凡有出访机会，我一定要访问农村，看看当地的农业和农民。早期在欧洲十多个国家的走访中，看到了市郊化和逆城镇化的普遍存在。体会到城镇化不是线性的，不是单向道。发展到一定程度，以中产阶级为主的市民更感到幸福的，是郊区和农村接近自然的环境，相对宽松的空间，邻里守望的社区生活。后期在美国、加拿大、澳大利亚、韩国、马来西亚、泰国、印度等国的访问，更看到了不同类型的农业农村形态，以及农村如何让生活更有价值、生命更有意义。在意大利、爱尔兰、法国、德国、韩国等地，我访问了逆城镇化的一些朋友和经营市民农业的农场主，知道了在很多发达国家，不少人以农为家，还有不少人往前多走一步，以农为业。记得2012年在中国人民大学接待过英国的农业部长，他很骄傲地说自己有农场，并且经常回农场生活，甚至参与一部分生产。他的态度和做法，能够更新正处在工业化、城镇化中期的中国人对农业和农民的认识。

放眼世界，会知道中国当前乡村发生的故事，具有普遍性、特殊性和阶段性。

就普遍性而言，工业化、城镇化进程，总是伴随着农村劳动力的大量流失，虽然这种劳动力流失，在每个国家的历史阶段和表现形态，会有一些差异。这种普遍性，被总结为“配第一克拉克定理”：随着经济发展和人均国民收入水平的提高，劳动力首先由第一产业向第二产业转移，然后再向第三产业转移。

就特殊性而言，当2.3亿中国农户家庭贡献了近3亿青壮年劳动力，农业耕作只依赖“3899部队”（妇女老人）时，要认识到这是极不正常的，不能漠视长期的城乡不平衡和城乡隔离。不平衡发展的政治经济学，只应该是特定发展阶段的理论指导。收入分配差距随经济发展过程而升降变化的库兹涅兹“倒U曲线”，永远不会自动实现。

就阶段性而言，要认识到人口离农、资金离农、机构离农等，不会是长久现象。乡土中国，不会一下子就转换为城市中国，必然会有一个城乡中国的长期过渡时期。很可能，城乡中国会成为中国的稳态结构。按笔者观察和研究，在中国城镇化进程完成后，至少会有三成国人仍然住在乡村，即使不以农为业，却会以农为家。①

那么工厂化农业、石油化学农业、规模化农业、标准化农业等带有很强工业文明痕迹的农业模式，也必然具有阶段性。当中国宣布要迈向生态文明时代时，“现代农业”的内涵，也在发生改变。现代，不仅仅是工业文明时代大城市、大工厂、

① 周立：《新型城乡关系与中国的城镇化道路——对城乡二元结构本质问题的再思考》，《人民论坛·学术前沿》，2016年第8期。

大机械、大规模等刻板定义，更需要赋予生态和文明的基本内涵。当今的农业，至少要有生产、生活、生态、生命四大功能。[①]“四生农业”与生态文明相合，与工业文明不合。工业文明时代的农业，只强调了生产功能，严重剥蚀了农民生活和市民参与乡村生活的功能。在石油化学农业的推动中，带来了寂静的春天，带来了生态破坏，也丧失了农业本身的文化、教育、休闲、康养等人与自然、人与社会作为生命共同体的生命功能。

生态文明时代，需要具有生态内涵和文明内涵的生态农业探索。有机农业，有机乡村，需要有机先行者。本书的十个故事，反映了中国有机运动的先行者作出的各种尝试努力。

第一个故事，是开创了市民下乡种地先河的小毛驴市民农园。早在 2008 年起名“市民农园”时，就意在促进市民下乡的城乡对接了。市民农园发端于 2003 年翟城试验中的农民合作、生态农业、生态建筑，被称为“中国群众性生态运动之肇始”。严晓辉、黄志友、袁清华等领导的“小毛驴”团队，在北京海淀耕耘十年，至少孵化了全国上千家以社区互助农业（CSA）为主要标志的生态农场。并在农业教育、人才培养、技术推广、农夫市集、参与式保障体系（PGS）、爱故乡运动等多个领域，做了全国性的先行先试示范。

第二个故事，是石嫣和她的分享收获农场。2006—2007 年我在美国访学一年，后期在美国农业贸易与政策研究所（IATP）做了一个月的农场调查。回国前，受 IATP 之邀，推荐

① 关于四生农业和农业多种功能，可见周立、王彩虹、方平《供给侧改革中农业多功能性、农业 4.0 与生态农业发展创新》，《新疆师范大学学报》（哲学人文社会科学版），2018 年第 1 期。

了当时刚获得硕博连读资格的石嫣去美国洋插队，学习 CSA 模式。石嫣很有韧劲，很有行动力。学成回国后，她参与了三年的小毛驴市民农园创建，并在 2012 年博士后期间二次创业，创办了分享收获农场。自 2015 年第七届全国 CSA 大会起，她又接下了组织全国 CSA 大会的重任。夫妇两人同为中国人民大学博士，却做了中国“新农人”代表，一同带领团队做好农场平台，做“大地之子”食农教育，做政策倡导，做培训推广，并搭建了 CSA 模式的国际联系平台，使“吃在当地、吃在当季”，逐渐成为“健康食物运动”的响亮口号。

第三个故事，是北京房山天福园生态农场。农场主张志敏本为北京城市金领，却弃金从农，成为中国生态农业最早的探索者。国际市场打拼的经历，使她很早感知到食物体系化学化巨变的洪流。自身的健康变化，成为她投身生态农业的契机。2001 年初，从房山区的乡村租到 150 亩地后，她就开始了新农民、新农业的探索之路。与自然合作，与自然和鸣。多年坚持，终获理解。天福园践行的有机农业理念是：健康的土壤，健康的饲料，健康的食物，健康的生命。张志敏提出：“有机农业是人类与自然合作的艺术。”“土壤是人类的衣食之源、生存之本，只要人类妥当地耕作，土壤必会持续并恰如其分地滋养人类。”天福园的生产模式，也被称为“中国式活力农耕”，“照树”“打树”和“打春”，张志敏叙述的乡村故事，所做的“说文解字”，更让参与者在故事和传统中，凝聚成一家人。

第四个故事，是寻求食物真味、人情真味的北京有机农夫市集。民以食为天，食以安为先。面对食品安全危机，消费者不会坐以待毙，他们发起了一场“餐桌自救”的社会运动。生态食品生产者，也需要一个主流的农超对接之外的信任渠道。北京有机农夫市集，2010年由一位在小毛驴租地种菜的日本女孩发起，日趋常规。替代主流认证式信任系统的参与式保障体系，也在实践中日臻成熟。召集人常天乐亲自到德国的IFOAM（国际有机农业运动联盟）总部工作学习，了解并推动完善PGS体系，使得市集有了生态文明时代的食物真味和人情真味：在交换安全食品的背后，重建了这个时代日益稀缺的信任和人际关系。交换双方，既有物质上的互惠，更有精神上的满足。流通的不仅是钱货（有机物），更有情义（有机心）。

第五个故事，是位于广州的沃土工坊。这个成立于2006年的非营利组织，从一个18平方米的小仓库做起，支持了数百名生态小农，发展了上万名会员，在城市消费者和偏远地区的生态小农户之间架起了一座桥梁。在北美，这种形式叫作食物枢纽（Food Hubs）。负责人郝冠辉直言：“小农户种出来的东西卖不掉，沃土工坊就想办法帮他们卖。”他们把生产者当战友，和姚慧锋等众多生态小农并肩前行。他们把消费者当朋友，不断重建人际信任，带消费者下乡认识这些生态小农，成为朋友。作为社会企业的沃土工坊，正在带领商业回归为人服务的本质。

第六个故事，是连接广东深圳市民和惠州生产基地的四季分享农场。2012年由广东“有机教父”“深圳有机第一人”张和平发起，120位深圳消费者众筹建立乡村物语有机农场，经过多轮众筹，建成能服务3000个会员的大型CSA农场——四季分享。农场不断创新消费者和生产者的互动模式，以适应时代变化。做有机人、做有机社会企业家、做众筹模式的不断尝试，使得四季分享农场在有机农业的商业模式上，成为先行先试的领路人。

第七个故事，是探索城乡良性互动模式的杭州太阳公社。为了实现永续农业目标，公社在生态养殖、水稻种植上不断探索。为了促进城乡良性互动，他们又进行了日益精细化的CSA模式、自然教育探索。通过中国最美猪舍，通过昆虫营、华德福营、戏剧营等，太阳公社作出了有太阳般温暖的农业社区尝试。负责人陈卫，将人际关系视为农场成功的关键，在各个领域促成城乡结对子，以探寻可复制的社区农业模式，建设城乡互助的理想社区。

第八个故事，讲的是福建佳美农场创始人魏长和他的传道农夫梦。2006年大三日记中，他写下了“佳美之梦”：碧水青山、有机果蔬、生态农场、和谐家园。历经坎坷后，他们夫妇在人去屋空、田园荒芜的白沙村，以家庭农场和消费者对接的CSA方式做了自然农业，逐渐将其变成一片“希望的田野”，实践着“佳美之梦”。作为福建首家CSA农场，他推动了PGS、农夫市集在福州的落地。作为传道农夫，他提出南瓜藤互助、相爱理念，“节与节紧密相连，根与叶彼此相爱”。魏长和他的团队，践行了他老师的一句名言：“农业是把太阳光转变为人们幸福生活的工作。”

第九个故事，讲的是河南辉县农村电商带头人杜千里。作为乡村教师的杜千里，用一条网线改变了自己和家乡的命运，如他所言：“一条网线，联系你我；立足山区，服务全球；帮助别人，快乐自己。”通过“山之孕土特产”淘宝店以及线下交易，将家乡太行山的山货，送上了城里人的餐桌，年销售额稳定在 500 万元，借助实体店的开张，2018 年将突破 1000 万元。人文通过实践，才有价值。知识只有应用，才有力量。杜千里农村创业 10 年，通过一条网线，使得太行山里古老乡村，进入了互联网的崭新时代。

第十个故事，讲的是与第四个故事沃土工坊战友情深的姚社长，他是创办江西宜丰稻香南垣合作社的姚慧锋。2011 年，跳出农门、栖身城市数年后，他重返家乡，重返农业。无论父母如何反对，他也一意孤行，要把所思所学，用在南垣村的有机水稻种植实践中。他在各种压力下孤独前行，一度是村里唯一一位全天候的全职农民。通过示范并成立合作社，编制简便易行的有机种植手册，实行生产、管理、加工全过程的“六统一”，带动了全村农户，进行了水稻种植的生态化转型，并正在推动生态村的实现。“有情怀、善经营”，这是姚慧锋返乡感悟的六字总结。

……

书写中国故事，走出中国道路，展现中国自信。有机农业、有机乡村，本书的十个故事，值得我们一一品味、一一揣摩。

周　立

中国人民大学农业与农村发展学院

2018 年 8 月于香山北麓

一

青年有为，连接城乡

北京小毛驴市民农园的十年

如果爱父母
就带他到这里来
那繁茂的土地里
有青春的回忆

如果爱子女
就带他到这里来
那自然给予的
我们同样给予他们

河边的白杨洒下斑驳的阴凉
不远处的青山是无声的挚友
洒下的汗珠结成香甜的果实
真切地感觉
我们是地球的孩子

——小毛驴市民农园桃花源41号地主平骁妈妈《大地之子》

序曲：青年的乡建园地

这里有一群喜爱耕种的年轻人，他们大部分是80后和90后，其中有刚毕业的大学生、实习生，也有硕士、博士，他们来自全国的不同地方，除了要完成每天的农园管理工作外，还要和农民一起劳动。他们在农场的食堂吃饭，在旁边的后沙涧村住宿。他们是这个社会很独特的存在。

这群年轻人工作的地方就是北京小毛驴市民农园（以下简称“农园”或“小毛驴”）。来到这里，很容易让人忘记这是在首都北京。因为它没有都市的繁华与喧闹，被自然簇拥着，安静而惬意，像是一片世外桃源，有山有水、有花有草、有动物、有菜地、有木屋、有秋千。然而它又不失热闹，因为每天都会有形形色色的人来到这里，有当地农民，有都市白领，有老人孩子，有外国人，也有各地来参访的农友，这里每天充满着活跃欢乐的田园气息。

农园位于北京西郊的凤凰岭山脚下，京密引水渠旁的后沙涧村。蔬菜种植全部不用化肥农药除草剂，使用农家肥。北京的很多市民会在农园租一块地自己耕种，然后源源不断地获得新鲜蔬菜。他们经常利用下午下班时间或者周末来到这里侍弄自己的菜园，采摘新鲜的蔬菜带回家做饭，周末也会带着孩子来干农活体验劳作、认识大自然、参与亲子活动的各种实践。

农业生产的日常不像其他工作那么规律，而是跟随季节，每天都有很多琐碎、应对性的维护工作，春耕和秋收时节，更是异常忙碌。无论男生女生，他们多被晒得黝黑，一些来自城市的年轻人，即使之前没有接触过土地劳作，在农园待上一阵子，身上城里人的气息也会慢慢褪去。

有人追求环保和健康，有人向往乡村和土地，也有人寻找简朴生活，最终他们聚在农园这块土地上。这群朝气蓬勃的年轻人，想通过思考和实践，找回当今城市化和工业化给城市和农村减去的色彩，并且在这里感受真正的人生意义所在。

他们行走于乡村和城市之间，将农业与健康结合、传统与创新结合，也将劳动和教育结合，他们渴望保留自然本性，去实现真正的“天人合一”。

心灵所在的地方，便是人的故乡。这里是这群年轻人的伊甸园，他们生活在其中，保护并照看着这片带给他们幸福感和依赖感的乡土家园。同时，他们也带给更多人拥抱土地的机会，让这里成为更多人的乐园。

（一）理想的延续：从“乡建学院”到“小毛驴”

2009 年 3 月，小毛驴市民农园正式以“社区支持农业”（Community Supported Agriculture，简称 CSA）[①] 的方式对外运营，开始引发海内外媒体的广泛关注。当时很多媒体报道小毛驴，大多关注的焦点是“三农”专家温铁军的博士生石嫣，她曾于 2008 年 4 月前往美国一个 CSA 农场实习了半年。回国后，于 2009 年初加入小毛驴，参考美国的做法开始以 CSA 模式运

① Community Supported Agriculture，2003 年经香港社区伙伴（PCD）推广到中国内地时译为“社区支持农业”，后期经本土化的不断实践，亦译为“社区互助农业”，现译为“社会生态农业”。

营农场并颇有成效，被誉为国内第一家 CSA 农场。尽管在北京乃至全国各地的 CSA 农业实践并不少，但小毛驴像一颗耀眼的新星在短时间内广为人知。

说起小毛驴，就不能不提到多年以前也曾备受媒体关注的河北晏阳初乡村建设学院（以下简称“学院”），不能不提到整个小毛驴创始团队。人们只看到了小毛驴所绽放的光芒，却很少有人知道它诞生、发展的背后，一群年轻的创始人所经历的艰难探索。

1. 生态农业，环保农村

“三农”问题普遍存在于发展中国家，中国的“三农”问题是伴随 20 世纪 90 年代的现代化改革而出现的一系列派生性问题。进入新世纪以后，党和国家高度重视，相继在全国各地涌现的“新乡村建设”运动，即为缓解“三农”困境的多种尝试之一。

自 2000 年以来，以温铁军为代表的知识分子开始了系统性的乡村重建探索，适时提出了“维护民生、促进联合、提倡多元”的生态文明理念，发起大学生支农调研活动，并于 2003 年 7 月 19 日创办了“晏阳初乡村建设学院”。同年，在香港社区伙伴（PCD）① 的推动下，CSA 正式进入中国内地，学院也开始与社区伙伴合作，联合推动 CSA 理念在中国内地的落地试验与推广。

① 社区伙伴总部在香港，主要服务区域在内地，于 2002 年 1 月由“嘉道理基金会”创办。2017 年 8 月，社区伙伴获得了北京市公安局颁发的《境外非政府组织代表机构登记证书》，成为首批由环境保护部作为主管单位的境外非政府组织之一，并成立北京代表处。

学院位于河北定州翟城村，校址原是翟城村废弃的中学，占地60亩，其中农地26亩。这是21世纪中国第一所免费培训农民的平民教育学校，致力于培养具有独立精神和奉献精神的乡村建设工作者，为中国的乡村寻找出路。学院主要开展的工作包括农村合作组织建设、生态农业试验、生态建筑的研发与推广、翟城村社区综合可持续发展试验、与乡村建设相关的研究与出版等。其中，提高农民组织化程度和自力更生的能力，是所有工作的重心。

学院的核心工作团队，由十多个大学生、志愿者和几个本地农民组成[①]。其中邱建生、刘老石、袁小仙和潘家恩是学院创始管理团队，分别由学院的三个发起机构中国人民大学乡村建设中心（原为中国经济体制改革杂志社）、中国社会服务及发展研究中心（香港）、国际行动援助中国办公室派出；2004年6月，从西北农林科技大学毕业的黄志友，成为和学院第一个签约工作的大学生；此后，严晓辉、袁清华、黄国良、郝冠辉、薛亮、聂晨等十多位80后新青年陆续加入。这是一群满怀乡建理想的青年，他们来到农村，希望以人为本，全心全意为农民服务。他们一边种地、盖房，一边做培训、研究。“一个村庄、一所学校、一群青年”，是他们当时的写照。

学院创建之初就认识到：农业既是农民生活的主要内容，也是农民生计的主要依托。也正是那时，农业污染和食品安全问题逐渐浮出水面。因此，恢复传统农耕、研发适用技术、推

① 大学生当中，有本科生、研究生和海外留学人员；早期的志愿者实际上也是最早的工作人员；本地农民由翟城村委会派出，既是村民代表，也是学院的员工。

广有机农业成为学院办学的重要内容之一，尽管这个过程，一直遭到村民对不用农药化肥的“有机农业”的嘲讽和不理解。

2005年春天，严晓辉、黄志友、黄国良、郝冠辉、袁清华等几位农大毕业的“青年农学家”在学院发起并成立了生态农业工作室，下设生产部、工程部、培训部和农业实验室，试验一种“立足于生产、服务于生活、发挥有机农耕示范教育作用的农业”。他们种养结合，研发适用的生态技术，同时举办短期全国生态农业培训班、翟城村儿童夏令营、大学生秋收体验营等活动，推动翟城生态农业示范户，开办乡土家园小超市，兴建粪尿分集生态厕所，并在整个校园开展垃圾分类。作为北方农耕和畜力农业的象征，当年春天特地买了一头毛驴，也就是后来“小毛驴市民农园”以小毛驴命名的缘由。

学院对有机农业的坚持，逐渐影响到周边村民。2005年12月，翟城村党委书记金水代表全村5000多位村民，在长沙举行的第三届全国村书记论坛上发表了《拒绝有毒农业，保护国人健康》倡议书，并于2006年在翟城村呼吁每户村民“留下半亩保命田”。因此，学院也被认为是“中国群众性生态运动之肇始”。

2007年4月12日，学院因故停办了。来自全国各地的那批理想青年因为学院相聚，而后又因学院停办分散到全国各地。其中以生态农业工作室团队为主的一拨人，集体来到了北京“闯荡”。

2. 城乡互助，公平贸易

2005年年底，经过学院培训组织起来的河南兰考南马庄合作社，因为生产的无公害大米销售出现困局，在北京引发了著名的“教授卖大米”事件[①]，中国农业大学的何慧丽教授，亲自跑到超市和街头为南马庄无公害大米代言。那时乡建团队就在思考，解决“三农”问题和食品安全问题，光靠农民是不行的，还要让市民也参与进来，得到城里人的支持。

2006年，何慧丽发起成立了南马庄无公害大米“购米包地小组”，这也是CSA的雏形；同年，北京梁漱溟乡村建设中心主任刘老石推动发起了绿色生产合作社联合社——国仁绿色联盟[②]。

2007年10月，由何慧丽发起的准消费者合作社“国仁城乡互助合作社”正式在北京林业大学附近揭牌成立，并设置了一个有机农产品社区直销店，代售农村合作社及北京近郊有机农场的健康农产品。

此时，来到北京“闯荡”的原学院工作团队，特别是以黄志友、袁清华、黄国良、郝冠辉等为代表的生态农业工作室同仁，恰好没有具体工作，就全部转至国仁城乡互助合作社，开始与市民互动，探索城市“乡建”。通过不定期举办国仁消费者论坛、农产品生态价格听证会、健康农产品的共同购买、市民下乡体验游，以及以北京林业大学翱翔社的校园农耕为切入点推行都市农耕，推动城乡互助，实现公平贸易。这些也为一年后启动小毛驴试验做好了团队储备和市民群众基础。

---

① 人民网:《“教授卖大米”背后的信任危机》，2006年1月6日，http：//edu.people.com.cn/GB/1055/4003182.html。

② 北京国仁绿色联盟是七家农民合作组织的经济联合体，隶属于中国人民大学乡村建设中心。由于它们在农业生产上承诺采用绿色健康的方式来进行，为了适应市场，它们联合起来，自称为“绿色联盟”。

3. 市民下乡，农业进城

2007年，党的十七大提出“建设生态文明”，当年中央“一号文件”提出“建设现代农业，必须注重开发农业的多功能性”；2008年，十七届三中全会又明确提出要建立资源节约型、环境友好型农业。曾经小打小闹的“生态农业”试验，开始上升为国家战略[①]。

在城市“熏陶”了近一年，这个已经离不开土地的农业团队，一直在寻找合适的田野，希望能重新回到土地。恰好，2008年3月，时任北京市海淀区副区长的刘长利找到中国人民大学农业与农村发展学院院长温铁军教授，说在苏家坨镇后沙涧村西有两百多亩已经荒弃多年的苗木基地，想打造都市农业园区。这个机会很难得，在当地村镇干部的陪同下，他们迫不及待地来基地考察，凤凰岭下，京密引水渠旁，交通便利，环境优美，正是理想的田园！正如郝冠辉在当时的基地考察报告中所言——“希望大家团结起来，共同努力，在凤凰岭下，我们实现新的腾飞！”

团队随即注册成立非营利性社会企业——国仁城乡（北京）科技发展中心（简称“国仁”），正式介入中国人民大学和海淀区政府共建的这个新农村建设产学研基地，启动了市民农园项目，开始拓荒、建设工作。这一年，“三聚氰胺事件”[②]爆发，引

① 2008年召开的十七届三中全会通过了《中共中央关于推进农村改革发展若干重大问题的决定》。

② 2008年中国奶制品污染事件（或称2008年中国奶粉污染事故、2008年中国毒奶制品事故、2008年中国毒奶粉事故）是中国的一起食品安全事故。事故起因是很多食用三鹿集团生产的奶粉的婴儿被发现患有肾结石，随后在其奶粉中被发现含有化工原料三聚氰胺。

发了全国的 QQ 开心农场热和轰轰烈烈的市民餐桌自救运动。

经过一年的建设，2009 年春天，市民农园以学院的那头小驴命名为“小毛驴市民农园”，正式对外运营，因为恰逢其时，引发海内外的强烈关注，开始了城市“乡建”的新时代！

享受干净的食物，是每个人最基本的权利和尊严。中等收入人群的迅速崛起，逆城市化现象的出现，新青年的创业梦与中产群体田园梦的完美结合，形成了“小毛驴市民农园”及 CSA 的初创成功！

4. 不是终止，而是延续

回顾这群年轻人从农村来到城市和各地发展的经历，他们只是分散，但并没有失散，小毛驴市民农园的创立，让分散的团队重新聚集起来。2008 年农园的谈判、规划、建设，原学院乡村建筑工作室的谢英俊、薛亮、聂晨等也都参与进来，一起瞭望一个看得见的未来。

如今的小毛驴市民农园依然不用化肥农药，使用粪尿分集生态厕所，把学院的一些工作逐渐转移过来。与学院不同的是，现在有更多的市民加入，更多的孩子也被带到这里接触自然，参与实践，接受教育。追求生态的观念，也被越来越多的人支持和接受。小毛驴市民农园的诞生、存在和发展，正是这群年轻人梦想的硕果。

（二）一直在路上：“小毛驴”十年发展历程

从 2008 年启动至今，小毛驴市民农园走过了十年不寻常的道路。其发展历程大致可分为五个阶段：

1. 规划建设阶段（2008 年）

后沙涧村，地处海淀区西北部，明代成村，因位于沙涧河后部而得名。小毛驴市民农园，位于后沙涧村西，其南边是沙涧河，西边是京密引水渠，土壤肥沃，水质甘甜，自然风景优美，是发展生态农业的风水宝地。1990 年以前，这里是后沙涧村的优质水稻区（京西稻），后来因为北京城市缺水，于 2000 年前后改为苗木基地，不久便处于荒弃状态。2008 年经谱尼测试科技（北京）有限公司检测，园区土壤、水质符合有机耕作要求，具备发展生态农业的自然条件。

2008 年 4 月，“海淀区现代都市农业示范园”项目正式立项，国仁团队骨干、原学院生态农业工作室成员袁清华、黄志友、黄国良、郝冠辉、李万等人正式进驻园区，代表中国人民大学负责基地的规划设计、经营策划等软件建设，镇属企业代表海淀区农委负责硬件设施建设，共同开展新型都市生态农业创新工作。这个项目的最终目标，是将园区建设成为集有机生产示范、都市农业教育、可持续农业技术科研、田园生活与观光休闲为一体的国际生态基地，建设成为国内有机农业的重要品牌，建立国仁有机农业技术规范与认证体系并向国内外推广。

首先，为了缓解人才稀缺压力，在社区伙伴（PCD）的支持下，园区适时启动了小毛驴生态农业 CSA 实习生计划，王宁、程存旺、王大衍、江伟伟、冯润霞、杨文军、姚继忠成为小毛驴市民农园第一期 CSA 实习生。此后，小毛驴 CSA 实习

◎青年的担当：北京小毛驴市民农园核心创始团队（左起：黄国良、黄志友、石嫣、严晓辉、袁清华）

生项目也固定下来，每年培养大量的农业人才。

随后，由台湾生态建筑师谢英俊先生领衔的乡村建筑工作室[①]同仁薛亮，组织人员完成了整个农园的生态规划与景观设计；为了支援四川“汶川地震”（5·12）灾后重建，乡村建筑工作室团队不得不于当年9月撤离园区现场，奔赴四川灾区。

此后，在北京绿色一族生态农业发展股份有限公司的支持下，农园开始进入紧张的施工阶段，修桥、筑路、安水电、铺停车场、建温室大棚、造生态猪舍、盖仓库、园区绿化，还有兴建多功能大棚等，为农园的正式运营奠定了基础。

同时，在赵汉珪地球村自然农业研究院（韩国）和吉林延边自然农业研究所的技术支持下，完成发酵床猪圈的设计与建

① 由台湾建筑师谢英俊发起，一开始挂靠在学院，是生态农业工作室之后成立的另一个以推广生态建筑和协力造屋为主的工作室。2008年汶川地震后，团队整体赶赴四川救灾，后来在成都注册“常民世纪建筑科技有限公司”。

造工作，正式开展自然农业技术的本土化试验研究与推广[①]。经过一年的基础建设，一个具有综合功能的生态农场初步建成。这群来自学院的年轻人，无怨无悔地用行动接续着当年的理想，畅想着美好的未来。

2. CSA 试运营阶段（2009 年）

（1）运营业务

社区支持农业（CSA）于 20 世纪中叶起源于日本、兴盛于欧美，是一项在全球范围内兴起的、具有独立性质的有机农业运动，是唯一由农业生产者和消费者互相支持、共同分担风险并共享健康收益的生态农业互助模式，也是一种为本地社区提供安全健康食物生产的小型农耕模式。

至 2008 年年底，园区基础建设基本完成，进入经营模式探索阶段。2009 年起，为了寻求业务创新，征得绿色一族公司同意，国仁团队单独在农园东区开辟了 25 亩“市民农园”示范区，获得了这个小园区的自主经营权，并将其命名为“小毛驴市民农园”，团队开始市民农园的租地业务尝试，并以最快的速度完成了 25 亩试验田的杂木清理、土地平整、田间道路修建和灌溉水网的铺设等，启动春耕工作。

3 月，还在中国人民大学读博士的石嫣以志愿者的身份加入新团队，形成黄志友、石嫣、黄国良三人管理小组，并开始

① 发酵床养猪是利用土著微生物参与垫料和牲畜粪便协同发酵作用，快速转化生粪、尿等养殖废弃物，消除恶臭，抑制害虫、病菌，同时，有益微生物菌群能将垫料、粪便合成可供牲畜食用的糖类、蛋白质、有机酸、维生素等营养物质，增强牲畜抗病能力，促进牲畜健康生长。发酵床养猪最显著的特点是降低养殖污染、节水和节约劳动力，生产出优质的、没有化学污染的“放心肉”。

将石嫣在国外农场学习到的 CSA 经验运用到农园的运营中。初期的主要业务是劳动份额（市民租地）和配送份额（当时叫普通份额），产品相对单一，服务内容也较少。但由于市民农园在我国是新生事物，一经推出，便得到了北京市民的热烈响应和广泛参与，经过短短一个多月的招募，共有 54 位成员加入，其中租地 17 户，配菜 37 户。由实习生每周编辑的小毛驴 CSA 简报，开创了 CSA 农场办刊物的先河。当年 11 月 1 日，在突如其来的大雪纷飞中，小毛驴成功举办了第一届丰收节。

由于石嫣"洋插队女博士"的特殊身份，加上小毛驴创始团队本身丰富的生态农业与乡建工作经验，小毛驴市民农园迅速成为国内 CSA 的重要旗帜，主流媒体也给予了大量报道。在半年运作期间，先后得到包括新华社、《人民日报》和北京电视台在内的近 80 家国内外媒体的报道，小毛驴背后的乡建运动及其倡导的 CSA 模式也开始进入主流视野，很多新农人和返乡青年受到启发和鼓励，开始参与 CSA，特别是劳动份额和配送份额这种业务操作，经过近一年的实践，也初步成形。此后，在生产者、消费者、学界和 NGO 的实践及各种传播力量的推动下，CSA 从一个舶来的概念，逐渐成为扎根本土的潮流与运动，成为全社会探索城乡关系、生态经济、多元文化和社会管理创新的一股新力量。

（2）经营小结

在会员开拓方面，初始客户来源主要为学院时期积累的北京志愿者和中国人民大学的老师，以及看到媒体报道或参加了小毛驴在居住小区做的宣传活动后，主动联系农园申请加入劳动份额或购买蔬菜的市民。因为多数市民对于市民农园还没有明确认知，即便已经认识到自身处于食品安全危机之中，也不敢轻易相信一种新的农业经营模式和生态农产品，特别是 CSA 强调风险共担、实行预付款，有些市民也担心这是一场骗局。为了当面介绍 CSA，也表示诚意，对于确定的会员，团队伙伴往往不辞辛劳，带着宣传单，乘坐公交地铁，挨家登门拜访、收款。

在人力资源方面，初创团队基本工资低、劳动时间长、劳动强度大①，不论刮风下雨，多数员工几乎每周有一两天需要凌晨四五点起床下地采摘（这种情况大概一直持续到 2014 年）。那时没有专门的配菜棚，大家在户外分拣装箱后，分线路跟车把菜箱亲自送到城市的客户手中，这其中要忍受堵车、高温、客户可能的“刁难”等。此外，早期的团队分工，是相对扁平的协商式管理，几个创始人更像一个家庭的决策方式，管理效率相对较高。

在后勤方面，那时农场没有专门的办公室、餐厅，所有工作团队的吃、住、办公都集中在后沙涧村的一个农家小院中，大家每天还要排班轮流做饭。有时有客户或朋友来访，也都在村中农家小院安排，一切都是因陋就简。

在 2009 年底由实习生陈楠制作的小毛驴 CSA 宣传片中，配乐有点悲壮的情愫，也是这一年创业不易的自然情感表达。

---

① 实习生当时只有每月 600 元的补贴，农地工人是 800 元。农场很少公开招聘员工，主要由实习生组成，部分实习生再转为第二年的工作人员，工作人员的工资大约 2000~2500 元。

3. 多产品综合发展阶段（2010—2011 年）

（1）运营业务

为了推进国仁社会企业的转型运营，推动小毛驴市民农园的商业化运作，原学院生态农业工作室、乡村建筑工作室创始团队成员严晓辉，经过在南方工厂两年多的锻炼，于 2009 年年底回到了农园并担任总经理，利用丰富的企业管理经验，带领团队开始新的征程。通过年底的国仁董事会，石嫣也正式加入国仁，并担任小毛驴市民农园名誉园长。

在试运营一年之后，市民农园试验在生态种植和社会效益方面开始得到社会认可和推崇，经济前景也被看好。鉴于市民农园在园区的成功试验，2010 年开始，绿色一族公司将农园东区的全部 130 亩土地委托给国仁团队经营。这一年开始，农园面积扩大，并全面开放对外经营，步入相对独立和完整的企业发展期。

2010 年 4 月，学院的小毛驴也从河北翟城迁居农园，成为小毛驴市民农园的“吉祥物”和“代言驴”；在中国人民大学和海淀区政府[①]的支持下，小毛驴市民农园“新农村建设产学研基地”也正式揭牌。此后，小毛驴的经营内容也逐渐增多，开展的活动进一步丰富，管理服务更为规范，参与的市民越来越多。农园拓展产品范围，增加了冬季配送、“附加份额”[②]销售和“共同购买型”团购活动，还开办了乡土家园小超市。简易厨房也改造出来了，可以满足会员周末的基本就餐服务；包括厕所、

① 正式签约单位为中国人民大学农业与农村发展学院和海淀区农林委员会。

② 配送蔬菜以外，还会附带配送农场自产畜禽产品、国仁城乡互助合作社的农副产品等，所以叫“附加份额”，这种方式带动了大量农民合作社农产品的销售。

休息棚、仓库等生产、生活设施，开始逐步修建完善。此外，也有了独立的办公室。

为了在全国试验、推广 CSA 模式，2010 年 1 月，在中国人民大学乡村建设中心的支持下，由小毛驴市民农园牵头，在中国人民大学组织召开了第一届全国社区互助农业经验交流会，成立了由小毛驴、天福园、德润屋等 9 家农场组成的“市民农业 CSA 农场联盟”。同年 4 月，小毛驴举办了第一届开锄节，6 月、10 月分别举办了第一届端午节、第二届丰收节。农业节庆的开发，丰富了市民在农场的生活，也传播了农耕文化，扩大了社会影响。依托市民农业 CSA 联盟，每逢节庆日，这些北京的 CSA 农场都会一起来小毛驴赶集，销售自产的农副产品；同年秋天，在小毛驴劳动份额（租地）会员、日本艺术家植村绘美（Emi）的推动下，联盟成员在北京草场地国际艺术村举办了首次在城市的农夫市集。这一农夫市集的雏形，为 2011 年北京有机农夫市集的正式诞生奠定了基础。

2011 年，小毛驴创始团队成员袁清华自泰国米之神中心学习回国，重新回到农园工作，并主抓技术部业务；黄国良则离开了小毛驴，前往重庆开拓西南乡建。这一年，小毛驴利用园区特有的农业环境和教育资源，专门为孩子们开设了田间学校和 DIY 木工坊，举办各种自然教育活动，并且细化了劳动份额和配送份额的业务类型，让参与的市民有更多的选择，全年为 700 多个家庭提供了租地、配送服务，年营业额超过 300 万。在韩国自然农业专家赵汉珪的支持参与下，还举办了两期全国自然农业培训班。当年，小毛驴市民农园获得北京市农委颁发的“社会主义新农村建设创新奖”，并获得用于取暖设施改造的专项奖金。

（2）经营小结

梳理农场初创期的发展情况，它的产生顺应了社会大众在面对重重食物危机时对生态农产品的需要，也顺应了资本对于农业盈利新模式的介入。相对于 2010 年以后才出现的如联想佳沃、多利农庄等这些大型农业企业，包括小毛驴在内的小型生态农场，因其自身社会网络、人力资源、社会信任等多方面专有社会资源的“自我资本化”，而降低大量生产和管理成本，替代资金投入，顺利完成资本的原始积累，为公司化经营的深化发展和扩大经营打下稳固根基。

媒体的宣传、各个机构的智力协作、参与成员的充分信任与支持、工作人员与志愿者低报酬甚至近乎免费的劳动，在众多社会资源资本化的整合作用下，这一时期的小毛驴，通过“家庭式经营、社会化参与”低成本的投入，实现了快速发展，获得了企业经济和社会效益的双丰收。这一时期农场的社会化程度极高，对社会资源的转化率也高于后来几个阶段。

4. 对外拓展及第一次转型阶段（2012—2014 年）

（1）运营业务

2012 年，是小毛驴市民农园发展史上很不平凡的一年。

对外，在发展小毛驴的同时，创始团队骨干分散到不同地方，开拓新的业务和领域，努力构建全国生态农业互助网络。其中，3 月，严晓辉开拓并分管与柳林村委会共建的小毛驴柳林社区农园[1]；4 月，石嫣带了一批小毛驴实习生去通州创办了分享收获；10 月，黄国良在重庆创办了打平伙社区食堂（有机餐厅）；12 月，黄志友参与发起全国“爱故乡计划”并担任秘书长；同年年底，国仁绿色联盟也转交给小毛驴团队经营管理。

对内，开始走专业化、部门化的路子。这一年，北京大学哲学博士、意大利米兰理工大学设计学博士钟芳，有着十年开火车经历、做过十年房地产的孙庚两位骨干加入小毛驴管理层，团队阵容强大，部门齐全，包括种植部、运营部（含技术部、养殖部、后勤部）、推广部（宣传部、设计部、活动部）、会员部（配送份额部、劳动份额部、乡土家园超市）、餐饮部和行政部等。其中有星巴克工作背景的鲁轶组建了餐饮部，以“一米菜园”品牌发展小毛驴餐饮业务；小毛驴 2011 年实习生、首都师范大学昆虫学硕士陈云组建了活动部并开设了“亲子社区”项目，每周末举办亲子活动，为数千个都市家庭和孩子提供了自然体验的机会，活动主题包括农耕体验、艺术手工、健康饮食和自然活动等，是之后几年火热兴起的“亲子游学”行业的先声；10 月，农园针对劳动份额成员成立“劳动份额社区委员会”，让市民组织起来，通过自我管理和自我服务，参与小毛驴农耕社区的经营，这在市民农园的发展史上具有重要的意义。

2012 年 10 月，在农业部主办的全国休闲农业创意精品大赛上，小毛驴获得“园区创意银奖”。经过五年的培育和发展，

① 柳林村距离小毛驴所在的后沙涧村约 4 公里，柳林农园占地 130 亩，除了种植、养殖、配送、租地业务，还有社区工作，包括不定期组织村民文艺晚会、暑期柳林儿童夏令营，2014 年还为村子编撰了《柳林村史》，协助兴建了儿童游乐园等。

小毛驴市民农园在北京乃至全国具有较高的知名度，成为市民农园领域的一个知名品牌。

2013 年 3 月，为了进一步扩大 CSA 的社会影响和行业专业化发展，夯实 2012 年 12 月发起的全国生态农业互助网络，小毛驴举办了第一期全国 CSA 培训班。工作团队现身说法，并邀请国内生态农业领域的专家和有丰富经验的一线 CSA 实践者，为来自全国各地的学员授课。小毛驴团队还总结了 5 年 CSA 运营经验，编印了小毛驴市民农园 CSA 系列管理手册作为培训教材，包括《小毛驴市民农园参观接待解说词》《种植管理手册》《劳动份额入门指导手册》《配送份额指导手册》《配菜工作手册》等；此后，培训班每年举办 2 期，每期约 40 个学员。6 月，在“三农”专家张孝德的支持下，国家行政学院经济学部“现场教学基地”在小毛驴农园揭牌，各省市的政府领导干部定期组织来这里学习 CSA。7 月，小毛驴农园与清华大学建筑学院合作，举办了“2013 年永续生活工作营之田间学校改造活动”，同期举行了学院十周年纪念，完成纪录片《毛小驴的路程》，讲述小毛驴团队十年创业故事，引发社会广泛关注。

2014 年，钟芳担任小毛驴农园总经理，主持全面工作；小毛驴创始团队成员严晓辉前往香港岭南大学读研，并发起“岭南彩园”校园农耕项目；袁清华前往上海创业，担任设计丰收农场总经理。因为持续两年多的外部竞争冲击和内部成本增加等，这一年年底，因当年收入下降而出现亏损现象。

（2）经营小结

随着新媒体宣传方式的大众化和 CSA 农业经营模式的高

复制性，农场周边生态农场数量成倍增加，消费者的选择性更多，对于产品与服务的要求也相应提升。加之大企业进入农业后，采用巨额投入迅速打造高端农业服务，都使得CSA生态小农场在经历稳定发展期之后面临各种问题，如更严峻的外部竞争、自身业务拓展、管理方式的调整等。

2012年被媒体誉为“生鲜农产品电商元年”，大量资本开始进入生鲜领域，其中不乏大型上市企业，如联想佳沃、顺丰优选、本来生活等。与大企业竞争的同时，小农场之间也同样面临着竞争，北京周边的CSA生态小农场，由2009年的不足10家，飙升到2013年的100多家。最终的后果是，小毛驴的劳动份额与配送份额数量几乎都在2012年达到峰值，但从2013年开始，两种份额都出现数量下降的趋势，其中，配送份额的趋势非常明显。

面对外部大资本投资的商业化诱惑，小毛驴开始摇摆于商业化和社会化之间，内部的分歧最终导致2012年年初核心团队的分裂，不仅造成人才损失，也将部分社会资源和客户分散。

2012年起，小毛驴开始经营后沙涧和柳林村两个园子。尽管农场试图通过增加客服人员和产品品类、提高产品质量来应对日益严峻的竞争，但效果甚微，反而增加了经营成本。与此同时，人员数量及工资的增加、基础设施的持续投入、开始支付土地租金（两个园子）、农资价格逐年上升等因素，加上2012年起更专业规范的公司化管理方式改革后增加了管理费用，内耗降低了工作效率，使得农场在2012年后经营成本陡然上升，经营利润开始逐年下降。此外，随着微博、微信等网络工具的兴起，代替了农园和市民面对面的交流，加之客户数量相较早年多，农场工作人员与客户之间的理念沟通和感情交流越来越形式化、流程化，市民的参与感和信任感也生疏起来，一定程度上也造成了客户流失。到2014年年底，因当年收入下降而出现亏损现象。农园也试图通过员工持股方式调动员工积极性，激励员工创造效益，但最终未能实施，农园不得不进入新一轮的转型期。

不断商业化和公司化的过程，也降低了小毛驴公益部分工作在总体工作中的比重，对小毛驴社会资本累积形成了一定冲击，对社会资源的动员能力也出现下降趋势，支撑早期核心团队的社会责任导向和乡建理想似乎更加尴尬。

5. 第二次转型阶段（2015—2018年）

（1）运营业务

面对农场在商业化转型过程中导致的成本持续增加、农业生产与管理方式不相匹配、外部市场竞争的进一步加剧、小毛驴已经失去初期竞争优势等问题，2015年，农场进入再转型阶段。

如果农场的经营过程是一个“双向运动”，在经历激进商业化的风险之后，回归社会化，既是一个规避风险和化解危机的过程，也是社会组织“自我保护”功能的生效[①]。

2014年年底，小毛驴团队核心骨干孙庚、钟芳先后离职。2015年初，原小毛驴会员部迁往小毛驴柳林社区农园，配送

① 这里借用卡尔·波兰尼的“双向运动”理论，以此说明农场在两个方向上运动的张力。

份额的生产种植及会员服务工作也全部转到柳林农园，进行独立项目运作，并由杨明明（北京市民，曾是女警，因为关心孩子的健康，2014 年加入小毛驴）担任园长。小毛驴市民农园主要开展劳动份额和教育活动，除了少量蔬菜的种植和养殖示范，不再进行大量生产性工作，并由李翠环（毕业于济南大学，2007 年开始参与乡建工作，2012 年加入小毛驴）担任园长。爱故乡、PCD 项目及其他公益活动单独运作。国仁公司在总公司层面协调几个部分的工作配合及收益分配。

依托小毛驴市民农园而倡导发起的全国爱故乡公益活动，经过两年的铺垫，到 2015 年，爱故乡活动开始形成一定的社会影响。“2014 爱故乡年度人物”郑辉也加入了小毛驴团队，通过与小毛驴市民农园的现场经营相结合，组织爱故乡网络中关于年画、书法、剪纸、面塑等传承乡土文化的非遗人才轮流到农园，联合举办各种形式的夏令营和文化交流活动，增加市民的新鲜感与体验感，吸引了大量市民家庭参与，在宣传乡土文

◎第五届爱故乡大会合影

化的同时，也增加了农园的经济收入。此外，通过“发现故乡之美”“爱故乡年度人物”“爱故乡工作站”等主题活动，爱故乡在全国范围内重新动员社会力量参与乡村建设，引导社会各界关注乡村文化保护，小毛驴流失的部分社会资源也开始重新回归。

2015 年下半年，因为有公司开始直接通过镇政府介入，引发潜在的土地使用权不稳定，小毛驴市民农园结合爱故乡的思路和资源，抽调了农园近一半的团队力量，由兼职读书的严晓辉统筹，以陶虹屹、程化旭、李翠环为核心，总计十余人，在门头沟区军庄镇孟悟村启动了“小毛驴乡土学园”，尝试小毛驴的转型，拓展新的领域。年底，因为小毛驴的土地使用办法最终落实，门头沟的项目暂时停止。随后，小毛驴市民农园与顺义区政府、分享收获农场联合承办了“第六届国际 CSA 大会暨第七届中国 CSA 大会”。中国本土化了的 CSA 实践，第一次在中国的土地上，和国际 CSA 对话，并得到中央高层的重视认可。小毛驴市民农园的实践，总算完成了她的阶段性历史使命。

2016 年，小毛驴市民农园重新与地方政府确定了长达 17 年的租地合同，在内外部环境的巨变下，小毛驴市民农园开始重新定位自己。在业务上充分利用农场各个空间，以教育和农耕活动带动社会参与，同时增加零售、聚会及餐饮等综合性收入，并重新强调农场与会员之间的密切关系，增强会员之间的互动沟通；在团队治理方面，重归家庭式决策方式，为增加员工凝聚力，农场核心员工组成内部“合作社”，大家共同参与农园建设与日常事务决策，按照合作社计划，未来也希望吸纳市民陆续加入，实现更大范围的社会化参与，最终打造一个社会化的小毛驴农耕社区。

同时，小毛驴还加强了与政府、高校的合作。例如，2016年“北京农学院研究生联合培养实践基地”在小毛驴落成；2016年、2017年分别与北京市农研中心、北京市科委等政府机构合作，参与研究制定北京休闲农业（市民农园）政策，推动CSA示范农场建设，既分摊了农场的运营成本，也增加了社会影响力。

为了集中精力做好劳动份额专项业务，打造好小毛驴市民农园这个以农业体验和教育示范为核心的三产农园，2017年，小毛驴柳林社区农园在五年租地合同到期后，就没有再续租；原来主要由柳林农园负责的配送业务也停止了，配送会员一部分推荐到分享收获，一部分转为劳动份额[①]。

2017年，是中国生态文明建设的转折年，中央环境保护督察全面启动，环境治理和生态修复成为各级政府的中心任务，全国养猪场拆迁清退风暴也在各地展开。面对潜在的市场机会，小毛驴团队与吉林长春市云凤农牧专业合作社战略合作，计划联合推广发酵床环保养殖法。一方面，将小毛驴的简易鸡舍改造为发酵床鸡舍，加上原有的发酵床猪舍，共同升级为发酵床养殖示范区，通过自然农业技术展示、自然农业培训与落地实施、自然农业畜禽产品代销，获得市场机会和经营收益；另一方面，进行自然农业种植示范园建设，打造永不落幕的农博园。

① 预先收费的会员模式，在配送业务宣布停止以后，还有大量会员的配送服务没有完成，除了退款结算，一部分补送工作，实际上一直延续到2018年才全部完成。

但因随之而来的北京“拆违、疏解、整治促提升”专项行动等原因，这些计划最终未能实施。自2018年5月海淀区推行“散养畜禽清退”政策后，小毛驴不再开展养殖活动，走过了十年的小毛驴发酵床养殖示范也退出历史的舞台，种养无法循环，生态农场面临尴尬境地。

小毛驴市民农园的“零”农药环境和良好的生态资源，吸引了山水自然保护中心。2017年4月，中心与小毛驴合作，启动了“小毛驴市民农园池塘生态系统恢复试点项目”。之后经过一年多的湿地管理维护、生物群落的监测调控，农园的两个池塘已经成为野生生命的乐园，发现各类物种近百种，山水自然保护中心的工作人员用影像和文字的方式，记录下这些可爱的生命。农园于2018年6月编印出版了《北京小毛驴市民农园池塘生物认知手册》。

2018年7月19日，小毛驴因病去世，平静地走完了她不寻常的一生。这一天，正是晏阳初乡村建设学院成立十五周年的日子。十五年来，小毛驴的成长，见证了当代乡村建设的探索与前行。

2018年10月3日—4日，举行了北京小毛驴市民农园创立十周年庆典，同时，国仁乡建社企联盟也正式启动。下一个十年，“小毛驴”将重新出发。

（2）经营小结

这些年农场频繁改革调整，以及难以确定一个主营方向，其中一个主要原因是土地使用方式不确定。早先，因为产学研基地委托经营的缘故，农场一直不能与政府达成土地租赁合约，土地能否持续使用成为最大的限制因素。2009—2011 年是免租委托经营，2012—2015 年是每年续签一次合作协议并按年上缴租金，到 2016 年 1 月，农场才正式与镇属公司签订了为期 17 年的土地使用合同，有了相对稳定的经营空间，可以做长期经营的规划，但地租却翻了一番，盈利的压力比以前大很多[①]。

由于结婚、创业或者进一步学习深造等原因，从 2011 年开始，小毛驴核心创始及管理团队成员陆续离开，人才流失、核心管理者缺位，是小毛驴转型发展的最大瓶颈。2015 年开始，人才短缺、创新能力下降越发明显。此外，随着政府及企业（资本）以“互联网 + 农业”、精准扶贫、特色小镇、田园综合体等各种（政策）形式大量进入“三农”领域，导致农业要素价格不断攀升，市场竞争和人才竞争愈演愈烈，CSA 或者小毛驴市民农园，逐渐由过去的社会焦点变为常态，在工作环境、福利待遇、发展机会、创新空间带给人的自我实现的成就感等方面，小毛驴吸引人才的优势消退。实习生招募难，留人更难，计划拓展的“国仁农智大学”人才培养计划也搁置了。加之本地农人老龄化严重（平均年龄由 2009 年的 55 岁，已经变为 2017 年的 60 岁），有管理和种植经验的农人难以为继，在 2017 年北京疏解“外来人口”政策的背景下，外地优秀老农更是难以吸纳。此外，北京的“疏解整治促提升”（含 2018 年的“大棚房”清理整治）、“散养畜禽清退”政策，让很多农场业已形成的经营模式受到一定冲击，需要重新定位。

① 新的土地使用协议不是直接的土地租赁方式，农园所在的土地首先由一个地产开发公司从镇政府租赁获得，农园再从这个公司取得部分土地的经营使用权。

随着农场土地租赁期限的稳定，在经历“家庭式经营”和“企业化管理”之后，在商业化的大海里游历了一圈，农场的经营者决定重回“社区”的社会化定位，探索一种合作经营形态调动社会各界参与，重新把资源整合到一起。因此在生产上，农场逐渐减少了种植养殖等高成本的一产业务；在管理上，农场不再采用企业化管理模式，将已细分的部门一一简化与合并，精简工作人员，以降低管理成本，提高效率。社会资源资本化的重新积累与转化，不仅为农场提供了一定资金与社会网络支持，也使得农场可以摆脱生产和销售压力，降低运营成本，轻装上阵，在实现农业三产化和社会公益事业的方向上有新的突破。这一转型的回归过程，正好验证了恰亚诺夫对于农业经济组织的分析：公司化方式并不适合小型农场的管理。

（三）探索与创新：“小毛驴”的运营模式

自创园以来，小毛驴市民农园将生态农业的种养模式与市民农园的经营相结合，充分发挥农业的观光休闲、文化传承、食农教育等多种功能，将传统农业与城市人的健康生活充分连接起来，成为北京人的“放心菜园”和“桃花源”，最终形成一个包含市民租地、生态农产品产销、生态农业示范、观光体验、社会教育、人才培养、技术研发、环境保护、理论研究与政策倡导等多领域相结合的综合发展平台（图 1）。

小毛驴市民农园的运营模式，核心是将农村资源要素重新定价，充分发挥农业的多功能性，推进农业三产化，构建新型

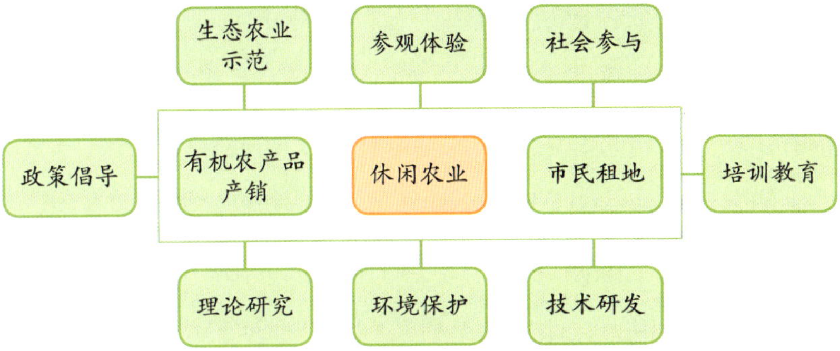

图 1　小毛驴市民农园发展模式

有机农产品产销直供链条（生产者与消费者结对子）；充分发挥政府、高校（大学生）、企业、农民、市民、媒体、社团等多主体的优势，打造多方共赢的生态农业产业，最终形成农民生产合作与市民消费合作的城乡互助合作平台，推动乡村建设。

1. 生态振兴：坚持生态农业种养结合模式，推广适用生态技术

小毛驴市民农园与美国、印度、泰国、韩国、日本等十多个国家和台湾、香港地区的生态农业实践团体建立了友好合作关系，并充分利用国内外资源，作为全球各地生态农业技术在中国本土的“中试”车间，发展出符合中国国情、本土、实效、低成本的适用技术与技术规范，建立生态农产品的生产管理和质量控制体系，为可持续的农业生产生活服务。小毛驴市民农园的农业技术体系，不仅结合了中国传统农业及现代自然农业、自然农法和永续农业等观念，还融合了农业、建筑、园艺等学科综合实践体系。

（1）生态设计

2008 年小毛驴建园伊始，就邀请了台湾著名生态建筑师谢

英俊带领的“乡村建筑工作室”团队进行小毛驴生态农场的规划设计。设计体现了生态农业、资源循环利用的理念，种植与养殖区域分布合理，农田、果园、湿地、树林错落有致，耕作与休憩各得其所，有利于发挥协同效益，形成了良性生态系统和农园内部的生态循环，营造了有山有水有田的城郊乡村田园风光，成为城里人在这里“洗胃”“洗肺”“洗眼”“洗心”和享受“慢食”“慢村”“慢生活”的生活空间，放大了农业的环境正外部性。2017 年小毛驴与山水自然保护中心合作的池塘“水体生态系统恢复试点项目”，更是为市民创造了观察自然生命世界、生态演替与修复的体验学习场所。

（2）永续生产

小毛驴市民农园尊重本地自然条件和以本土社群为基础的传统农耕经验，遵循种植养殖结合原理，坚持无农药化肥种菜，生产过程开放透明。

2008 年 10 月，小毛驴与韩国赵汉珪地球村自然农业研究院、吉林延边自然农业研究所等机构战略合作，引进并本土化自然农业技术，开展优质时令蔬果生产、土著微生物采集、土壤保墒培肥、病虫害防治、杂草控制及发酵床养猪法等技术试验与应用。

在种植方面，农园主要依靠人工种植，不使用农药、化肥和大型农业机械，不使用转基因农作物种子。养殖方面，农园采用自然养殖法，其核心是依靠本地有益土著微生物分解排泄物，以达到降低污染、节约用水、增强猪的抵抗力的效果。

在土壤改良方面，主要措施包括制作堆肥、使用有机肥

（牛、羊、马粪等），以及用天然材料制作的营养液（果实酵素、天惠绿汁等），禁用化肥和除草剂。农园的肥料来源主要有三个途径：园区通过发酵床养猪法沤制的猪肥，其中在沤肥过程中使用的微生物也是园区自己采集和培养的土著微生物；园区自建堆肥栏，将厨余、菜叶和秸秆等原料，堆制有机肥；外购牛粪、蚯蚓肥作底肥，麻渣作追肥。

在病虫害防治方面，农园追求整体生态系统的多样化，禁止使用化学合成农药，一方面，自制辣椒水、烟叶水，浸泡草木灰水、苦参碱水进行生物防治，或者悬挂黄板、安装防虫网等物理方法防治；另一方面，通过轮作、间作、多样化种植、休耕等方式，尽可能降低病虫害大规模发生的概率和风险。

（3）可持续生活

2004—2008 年，小毛驴团队曾引进、本土化改进了由联合国儿童基金会、瑞典国际发展合作署（SIDA）和全国爱卫办合作研发的粪尿分集式非水冲生态卫生厕所的建造技术，先后在北京、辽宁、河北、河南、海南等广大农村地区和城市郊区推广兴建了几十座各类型的粪尿分集式生态厕所，并编印《粪尿分集式生态厕所理论与实践》一书作为指导手册。2008 年，小毛驴创办伊始，就在园区应用粪尿分集式生态厕所，通过从源头将粪、尿分开收集并无害化处理，节约了水资源，利用了人粪尿，取得了很好的示范与环保效果。

此外，全园实行垃圾分类、厨余堆肥和麦麸洗碗；2013 年，“地球站公益创业工程”项目（中央财政支持社会组织示范项目）在小毛驴市民农园设立站点，收集小毛驴租地市民捐赠的家庭闲置废旧物品（衣服、书籍等），捐赠给城市工友、贫困地区的弱势群体等，通过把环保落实在每一个生活细节，对市民和孩子们起到潜移默化的“教化”作用。

2. 产业振兴：发展体验农业，促进产销对接

（1）开辟租赁农园，发展体验农业

市民农园是由都市或近郊区的农民提供农地，让市民参与耕作的园地。这是都市居民参与农业的一种新模式。德国是世界上较早发展市民农园的国家。在19世纪初，德国就出现了由政府提供小块田地，供市民做自给自足的小菜园。1919年，德国制定了《市民农园法》，确立了市民农园的现在模式。日本原以一二十平方米的生产性菜园为主，自1991年前往德国考察，回国后即开始推动二三百平方米的体验性市民农园，并制定了《市民农园整备促进法》。日本市民农园的类型较多，依据承租对象的不同，又可分为家庭农园、学童农园、高龄农园、残疾人农园（如盲人农园）等。

小毛驴市民农园创立的初衷，是为了开展市民农业的教育，让远离乡村的市民家庭，在回到田野的劳动中，体验农民的艰辛、农业的不易、农村生活的风味，知道食物从哪里来，哪个季节可以产出哪些菜，了解不用农药化肥的农产品的真实生产成本等，进而重新认识农业、农村和农民，为“三农”代言，促进乡村地区的发展。

租赁农园又称劳动份额，是小毛驴最早开展的经营性业务，也是市民农园经营的主要内涵，是低成本构建社会信任、参与式监督生产过程的有效方法。

具体做法是：市民在小毛驴市民农园承租一块30平方米的农地，并在种植之初，预先支付一整年的菜地租金和农资费用。农园提供工具、种子、水、有机肥等农资和必要的技术指导等服务，市民完全依靠自身劳动在承租的菜地上种植自己喜爱的各种蔬菜，体验农耕乐趣，收获健康农产品，并参加农园组织的各类活动，协助农园建设。如果市民没有时间管理，可以委托小毛驴农园代为管理。

根据市民与农园合作关系的不同，劳动份额又分为三种类型：①自主劳动份额。市民需要自己打理农园，从移苗到收获都由市民自主完成；②托管劳动份额。市民只需自己播种和收获，其他农活可由农园代为打理；③家庭健康菜园。农园按照市民的要求，种植相应的农作物品种，并提供全面的管理和服务，收获的蔬菜等产品也由农园负责配送到市民家里。每种类型的面积、双方的权利义务、服务内容、费用等，详见下表：

表1　小毛驴市民农园劳动份额类型

份额类型	菜地面积	份额特征	服务内容	份额费用
自主劳动份额	$30m^2$	自己播种，自己管理，自己收获。——完全自主的都市农夫！	农资、工具免费，技术指导，免费活动。	1500元/年
托管劳动份额	$30m^2$	自己播种，农场管理，自己收获。——悠闲快乐的耕种体验！	农资、工具免费，技术指导，托管服务，免费活动。	3000元/年

续表

份额类型	菜地面积	份额特征	服务内容	份额费用
家庭健康菜园	$60m^2$	自己设计，农场种植，农场管理，农场收获，即时互动，配送到家。——健康安全的有机享受！	农资、工具免费，技术指导，保证产量，配送到家，免费活动，赠采摘、餐饮。	12000元/年

资料来源:《小毛驴市民农园2012年CSA社员手册》

劳动份额不仅为市民提供了种植蔬菜的健康土壤，更为他们提供了一块假日休闲、亲近自然的优雅环境，并因每周到农场耕种，可以消费农场自产或代销的其他健康农产品，还可以结交朋友，形成一个熟人小社区。

劳动份额中参与耕作的市民，以退休老年人（老知青）或有孩子的中年人为主，他们多有农村生活的经历，也满足了“敬老爱幼”的社会需求，甚至被誉为“唯一可以让一家三代同时体验的娱乐方式”，充分体现了农业多功能性，是农业三产化的典型形式。

劳动份额是小毛驴市民农园的一项基础业务，深受市民欢迎。参与劳动份额的数量，2009年为17份，2010年为113份，2011年为236份，到2012年则升为374份，达到最高峰。2009—2018年，10年来累计为北京市近1000个市民家庭提供租地种菜服务，有机蔬菜总产量约50万公斤。

作为城市里的“自耕农”，劳动，释放了市民在城市生活的压力，学习了农耕技能，强壮了体魄，促进了家庭融合，也为国家塑造了身心健康、接地气的下一代。市民下乡，推动了乡村旅游，传承了农耕文化，振兴了农村经济，特别是促进了城乡人才流动，让传统农业越来越时尚化、科技化。而市民农园这种形式本身，也风靡城乡，成为很多休闲农庄或房地产项目的配套服务，让农业回嵌城市和社区。

（2）开展生鲜蔬菜宅配，促进产销对接

小毛驴市民农园通过构建多重信任体系和产品直销服务系统，打造“本地生产、本地消费”“食在当地、食在当季”的产销共同体，将传统市场运作中被分割的生产者和消费者之间的纽带重新建立起来，缓解食品安全压力。这种产销方式实现亩均产值 3 万,五倍于常规农业产值，经济效益显著。

生鲜蔬菜宅配又称配送份额，是 CSA 的典型形式。具体做法是：小毛驴市民农园的 CSA 成员，与农园建立“风险共担”的合作关系。成员在一个季节的种植之初，就预先支付下一季蔬菜份额的全部费用，农场则按照预定计划负责任地生产出各种健康安全的蔬菜和其他农产品（含畜禽肉蛋），并与物流公司合作，定期定量配送给市民家庭，实现生产者和消费者的直接衔接，确保食品安全。生产过程产生的各种风险由双方共同承担。市民可以不定期参与农园的劳动体验活动，并监督农园的农业生产，以确保农产品的品质。这项业务是农场最重要的经营性收益来源。

小毛驴农园的蔬菜配送分为常季配送（半年）和冬季配送（半年）两种类型，配送周期为半年 25 周，每周一（或两）次；每次蔬菜品种不少于 10 种；配送时间一般为周三和周六，周二

（五）下午开始采摘耐储存的蔬菜，周三（六）早 5 点就开始采摘叶菜，以保证新鲜度；配送的蔬菜总量依据协议分为半年累计 200 斤、300 斤、400 斤、500 斤不等，配送运费则根据不同配送类型单独计算。2012 年，小毛驴市民农园的蔬菜配送方式、重量、费用等，详见下表：

表 2　小毛驴市民农园常季配送份额类型

家庭人口	每周菜量	配送频率	送菜次数	送菜总量	份额菜金	送菜方式及运费
二人家庭	8 斤	一周一次	25 次	200 斤	2000 元	取菜方式：农场自取、取菜点取、配送到家，不同配送方式运费不同（另计）。现有取菜点：农场、苏州街、回龙观、雍和宫、阜成门。
三人家庭	12 斤	一周一次	25 次	300 斤	3000 元	
四人家庭	16 斤	一周两次	50 次	400 斤	4000 元	
五人家庭	20 斤	一周两次	50 次	500 斤	5000 元	

资料来源：《小毛驴市民农园 2012 年 CSA 社员手册》

小毛驴农园为每份蔬菜准备了配送箱，贴上记录成员信息的卡片。农园每周制作《小毛驴市民农园 CSA 简报》，随蔬菜一起配送到市民家中，让不能经常来农园的市民了解园区动态。市民也可通过简报和信息卡，达到反馈意见、彼此交流的目的。

配送份额是小毛驴市民农园结合社区互助农业（CSA）推出的一项创新业务。市民参与配送份额的数量，2009 年为 37 份，2010 年为 280 份，2011 年为 460 份，到 2012 年则升为 620 份，达到最高峰。2009—2018 年，10 年来累计为北京市 2000 多个市民家庭提供了 200 多万斤有机蔬菜，为北京缓解食品安全问题、创建海淀食品安全示范区作出了很大的贡献。

2013 年以来，随着互联网和快递业的迅猛发展，由小毛驴市民农园将 CSA 本土化了的“生鲜蔬菜宅配”业务，最终演变为较为成熟的农业商业模式，成为很多大资本投资的新兴农业产业。

3. 人才振兴：推行 CSA 实习生计划，打造新农人的“黄埔军校”

随着生态农业在国内的兴起，越来越多的青年人开始关注农业领域。而只有越来越多的青年人回归“三农”，才有美丽乡村的可持续。创园伊始，小毛驴就把培养“爱农业、懂技术、善经营”的农商复合型人才作为工作的重心之一。2008 年，在社区伙伴（PCD）的资金支持下，小毛驴正式启动了“小毛驴市民农园 CSA 实习生项目”，每年招收约 10 位实习生，在农场开展为期 8 个月的耕读实习，实习生和农场工作团队一起共同完成一个种植与配送周期[①]。

实习生学习的内容，除了乡村建设与生态农业理论培训外，更主要的是现场参与农场 CSA 运营的各个环节：农业生产（种植养殖）、景观建设、技术研发、产品营销（租地种菜、生鲜宅配、农夫市集）、客户服务、农业传播（CSA 简报编辑、微信微博、媒体互动）、培训教育（来访接待、亲子教育、农业节庆活动、全国 CSA 培训班、全国 CSA 大会）和农场经营管理（项目管理、农场管理）等农业全产业链的体验学习，此

① 在北京地区，一个农业生产周期通常是 9 个月，冬季有 3 个月休耕。因此农场的实习生周期设计是配合农业的生产周期的，后来农园增加了部分温室大棚种植，也新设了为期 4 个月的冬季实习生。

外还组织实习生参加中国 CSA 农场之旅的游学。他们向大自然学习，向农民学习，向团队成员学习，在游学中向行业伙伴学习，在服务市民、组织各种活动的过程中，也积累了丰富的人脉和智力资源，为他们成功返乡奠定了基础。

“小毛驴市民农园 CSA 实习生计划”起步早，是国内第一个比较系统的对 CSA 人才的培养计划。2008—2018 年，共培养了 11 期总计 127 名新农人，其中有四分之一留在农业领域，成为全国各地发展 CSA 的带头人和返乡农业创业的重要力量。他们曾先后发起或参与了广州沃土工坊、河南归朴农园、江苏大水牛市民农园、福建故乡农园、北京分享收获、四川亮亮家庭农场、重庆合初人自然农园、重庆打平伙社区食堂、重庆酷虫巴士、上海设计丰收、浙江梅和鱼等十多个 CSA 项目。小毛驴农业实习生培养体系，在缓解大学生就业压力的同时，也在全社会营造了一种重视农业、回归乡土的氛围。

此外，每年暑期，农园都会接待来自中国人民大学、中国农业大学、北京农学院、福建农林大学、山西农业大学、香港岭南大学等高校大学生志愿者参与为期 2 个月的农园生产劳动和建设，并安排组织各类学习实践活动。10 年来总计约 200 名学生受益，很多学生毕业后继续在农业领域深造、工作（创业）。

作为有中国人民大学背景的产学研基地，相较于常规教育体系，小毛驴市民农园的青年人才培养模式突出实践性、生产性、综合性、社区性的特征，融合了自然农业种植养殖技术、农业三产项目的运营与开发、农业产销服务各个链条、农村社区服务与合作组织等多方面实训内容，是对传统农业教育的极

◎新农人的学园

大补充。通过着重培养动手能力、创新能力和组织能力，大学生、青年农民等不同群体都可以在实践当中学习，在团队当中成长，可以迅速掌握新型农业的生产、管理经验，无论是在异地还是返乡创业，都是不可多得的人才，是真正意义上的“一懂两爱”人才。

4. 组织振兴：推动全国社区支持农业（CSA）网络建设

（1）全国 CSA 大会

中国地域辽阔，南北方、东西部的自然经济文化差异巨大。2009 年底，为了把北京小毛驴市民农园的 CSA 模式向全国推广，让各地因地制宜发展在地的 CSA，形成不同的运营经验，在中国人民大学乡村建设中心的支持下，小毛驴发起举办了第一届全国 CSA 大会，并正式成立了“市民农业 CSA 联盟”。

此后，小毛驴又分别于 2010 年 11 月、2011 年 10 月、2012 年 11 月在中国人民大学举办了主题分别为“城乡互动与可持续生活”“新农夫、新城乡”“爱生活、爱故乡”的第二、三、四届全国社区支持农业（CSA）大会；2013年，全国CSA大会首次走出北京，在上海同济大学召开了主题为“新三农、大设计”的第五届全国CSA大会；2014年，全国CSA大会走进东南地区，在福建农林大学举办了主题为“新农业、新故乡”的第六届全国CSA大会。2015年11月，在农业部、清华大学、中国人民大学、北京市农研中心等机构的支持下，小毛驴市民农园联合顺义区政府、分享收获农场承办了主题为“生态农业与乡村建设”的“第六届国际CSA大会暨第七届中国CSA大会”，并揭牌成立“中国社会生态农业CSA联盟”和“中国乡村建设参与式保障体系（RRPGS）”。此后的2016年、2017年，第八届、九届全国CSA大会又分别在浙江丽水、贵州铜仁举办。

每年一届的全国CSA大会，推动了全国范围内的CSA模式发展，目前，全国CSA农场已发展到1000多家。据统计，九届CSA大会累计共有来自30多个国家、中国28个省市自治区的6000人参会，其中发言嘉宾约900人，基本包括了中国和全世界范围内生态农业领域的多数顶级专家，是中国民间最大的生态农业盛会，形成了具有国际影响力的全国性CSA网络，并在理念、理论和行动上，对中国社会变革、城乡互助融合发展产生了深远的影响。

2017年，社会生态农业CSA联盟正式注册为“北京市顺义区生态农业发展协会”，转向独立的机构运作。

（2）全国农夫市集

为了让生产者与购买者面对面交流，开拓城市的有机农产品展销平台，自2009年开始，在小毛驴市民农园的组织、推动下，以社区伙伴（PCD）网络、市民农业 CSA 联盟、全国 CSA 网络为基础，以小农场、小餐厅、手工作坊、农业教育机构、环保组织等为主要参与者，在小毛驴市民农园的开锄节、端午节、丰收节和全国 CSA 大会上，多次举办了北京地区的农夫市集和全国“新农夫市集”。经过两年的发展，2011 年，在北京一些热心市民志愿者特别是常天乐等的努力下，最终形成“北京有机农夫市集”的机构化运作，每周末在北京不同城区开集。

随着农夫市集在北京的兴起，全国很多地区都逐渐出现了地方性的市集活动，例如上海农好农夫市集、郑州生态农夫市集、西安农夫市集、成都生活市集、长沙农夫市集、福州农夫市集、厦门农夫市集、深圳农艺市集、南宁都市农墟、昆明采耘农夫市集、贵阳生态农耕市集等。如今，农夫市集已成为各大城市一道独特的风景。

（3）CSA 培训班

为推广生态适用技术和 CSA 运营模式，引导有机小农、农

◎第五期全国社区互助农业（CSA）与新农人培训班

村合作社及各类型农场向可持续农业转型，2011 年 5 月、8 月，2016 年 6 月，小毛驴先后举办了三期全国自然农业技术培训班，培训学员 120 名；2013 年 3 月、8 月，2014 年 4 月、8 月，2015 年 4 月，先后举办了五期全国 CSA 培训班，培训学员 200 名；2013 年 7 月，举办了首期全国永续生活工作营，培训学员 20 名；2015 年 6 月，举办第一期全国农场经理人培训班，培训学员 35 名。此外，小毛驴还先后到北京市城区居民小区、北京顺义、河北顺平等地现场，为市民和农民合作社社员开展小型农业技术培训活动，受益学员约 100 人。上述活动累计培训学员约 475 名。

5. 文化振兴：传播乡土文化，促进城乡融合

（1）传播乡土文化，探路亲子农业教育

海洋文化学者李二和在其《舟船的起源》中写道：“文化是一切生命文明行为的代称，大自然是人类文化的根本导师和启蒙者。我们几乎没有一样科学发明是凭空想来的，莫不受自然的启示。人类的文化是大自然的恩赐。”也就是说，人类的文化其实源于乡野，源于土地。

世界几百年来的工业化、城市化发展，导致乡村的空心化，乡土文化的日渐衰落，城市文化也日渐摆脱了母体——土地和乡村的束缚，变成一种近似无根的自娱自乐和矫揉造作。文化，渐渐远离了人们的心灵与日常生活。正如美国享有国际声望的科学家和环境保护主义者奥尔多 · 利奥波德在其《原荒纪事》中所指出的，“生态学的基本原则是视土地为一个群落，但土地应受到爱惜和尊敬却是道德伦理的延伸。土地为文化之

母是早为人知的事实，但近来常常被人遗忘。”

在河北晏阳初乡村建设学院的岁月，团队就“什么是文化，学院要发展一种什么样的文化”有过很多争论，最后大家的共识是：文化就是过日子——生活即文化！正是这一朴素的价值观，在 2008 年创办小毛驴市民农园时，他们就自我赋予使命——创造一种全新的文化与社会价值观。毛驴是农耕、是乡村的象征，市民是城市的象征，农园就是推动城乡互助、农民与市民平等合作、都市与乡村文化相融合的大舞台。这，就是小毛驴市民农园最本质的含义与定位。从取名字开始，就决定了他们做事的方向。

小毛驴市民农园的存在，正是一种回归，让世人重新审视乡村、土地、劳动和农人的价值；小毛驴团队近十年的追求与梦想，其实就是为了让更多的人“真心地回归乡土，真诚地为本土服务，真实地生活在土地上”。

市民农园兼具生产、生活、生态三重功能。依托农场的自然（泥土、蔬果、昆虫、畜禽）、农事（农耕、园艺、建设、食品加工）和民俗民艺三类特色资源，针对亲子家庭、团体定制和大型农业节庆三种类别，十年来，小毛驴举办了近千场丰富多彩的农耕文化与食农、环境教育活动，既构建了小毛驴的软实力，也演化为一项创新业务，在自身创收的同时，源源不断地为劳动份额和配送份额转化客户。

（2）开拓全国“爱故乡计划”，促进城乡融合发展

21 世纪以来，在城镇化发展进程加快的同时，乡村发展却逐渐衰败，千千万万城市人乡愁泛起，迫切渴望回到乡村去

"治病"。2012年应该属于现代性"乡愁"元年——城市化摧枯拉朽，"每个人的故乡都在沦陷"！

2012年年初，中国人民大学乡村建设中心的福建团队首先在福建省发起了"爱故乡计划"；2012年底，在小毛驴市民农园团队的牵头推动下，在主题为"爱生活、爱故乡"的第四届全国CSA大会上，正式面向全国发布了"爱故乡计划"，启动了"发现故乡之美"图文征集活动，希望通过"故乡情怀"，唤起人们发现乡村价值、参与家乡建设的热情与自觉行动。

黄志友成为新启动的全国"爱故乡计划"的实际统筹操作人。作为经历过学院、小毛驴的乡建老骨干，他深知爱故乡的最大意义，就是把创办小毛驴市民农园、推广CSA过程中累积的城市资源，向农村转移，支持乡村的发展；通过爱故乡把城市与乡村连接起来，把市民与农民对接起来，实现城乡共建、融合发展。

五年多来，爱故乡团队先后开展了"发现故乡之美""寻找故乡之歌""寻找新乡贤——爱故乡年度人物评选""青年爱故乡""爱故乡生态文化节""爱故乡工作站""爱故乡大会"和"爱故乡工作坊"等大众参与文化复兴的活动，初步形成生态保育、文化传承、人才培养、组织再造、百业兴旺"五位一体"系统，全方位推进乡村振兴。爱故乡，通过挖掘本地乡土文化资源、发挥新乡贤的力量、搭建在地的爱故乡平台，发展地域生态经济，引导社会各界人士关注"三农"，为保护、传承华夏五千年农耕文明与乡土文化注入了新的活力。

（四）不变的初心："小毛驴"的社会影响与未来展望

十年来，在北京市及海淀区各级政府的正确领导和社会各界的广泛参与下，小毛驴市民农园贯彻中央关于生态文明和多功能两型农业的政策思想，汲取发达国家大城市郊区农业发展经验，积极探索适合首都特点的都市型现代生态农业发展路径，在社区互助农业（CSA）推广、食品生产安全、新技术推广应用、农村劳动力就业、农业效益提升、市民农业实践、CSA农业人才培养、农耕文化传播、亲子自然教育、都市农业政策推动等方面取得显著成效，成为有着全国性影响力的新型农业示范项目带头人，搭建了一个新型农业领域内"实验室"与"孵化器"的综合性农业平台，并取得三个突出成果：

一是经济效益大幅提高。两个农园（后沙涧农园和柳林村农园）不到200亩耕地实现年产值近600万元（亩均产值超过3万），五倍于常规农业产值。吸收当地近50名村民就业，人均年收入3万元以上。

二是生态效益逐步显现。农园耕地经过有机农业耕作得到了有效改良，过度化学农药对土壤造成的伤害得到相当程度的恢复，土壤理化性质极大改善，农田生态系统逐渐恢复平衡，实现了生产经营过程中的低成本生态修复。

三是社会效益十分显著。十年来，小毛驴团队一直秉承社会企业的经营理念，以社会综合收益最大化为发展目标，在做好自身经营的同时，先后参与、推动了全国社会生态农业（CSA）大会（2009年）的举办、北京有机农夫市集（2011）的发育、全国“爱故乡计划”（2012）的开拓和中国社会生态农业CSA联盟（2017）的成立，为中国生态农业与城乡融合发展作出了贡献。农园的生态技术和发展模式，已经在全国多个地区得到推广应用，据不完全统计，在小毛驴模式的带动下，全国以CSA模式运作的农场已超过1000家。

农园先后荣获2011年北京市社会主义新农村建设创新奖、2012年农业部全国休闲农业创意精品大赛“园区创意银奖”、2013年福特汽车环保奖、团中央“2014中国青年就业创业典型人物”、世界动物保护协会动物友好型可持续性“示范农场项目”（2010—2013）等奖项；先后受到新华社、《人民日报》、中央电视台、《小康》及BBC、CNN、美联社等海内外400多家媒体的正面报道，塑造数千万的品牌价值；先后接待各地政府及海内外各界团体的参观、考察和学习至少10万人次，成为全国乃至世界范围内社区互助农业模式的优秀案例和代表。从体验农业的社会教育功能看，农园单位面积的社会参与度最高。

从2009年起，农园针对小毛驴CSA成员编印的《小毛驴市民农园CSA简报》《田间地头》等内部刊物，至今已组稿编印了50期，包含由小毛驴工作团队、实习生、会员投稿的近1500篇反映田园生活与“三农”思考的文章诗歌，向市民和社会参访人员累计发行约2万册，为CSA的实践推广与理论化提升留下了宝贵的一手资料。

小毛驴作为国家行政学院、中国人民大学、西南大学中国乡村建设学院、北京农学院等多家高校现场教学基地，十年来累计接待了近100批国内外大学生或研究人员前来农园访谈调研，发表学术论文上百篇，产生硕士、博士论文 20 余部；促发了国内外 CSA 研究热，百度搜索关于中国 CSA 论文总计 2600 多篇。

小毛驴先后承接了教育部应急项目“通过新农村建设促进国家金融危机条件下中国经济社会的和谐与可持续发展”、中国人民大学 985 三期项目“中国农村发展哲学社会科学创新基地”、北京新农村建设研究基地课题“北京农业创新与功能拓展研究——发展北京都市型生态农业的重点、难点与政策建议”、北京市农村经济研究中心“北京市民农园建设标准与经营规范研究”（2016 年）、北京市科学技术委员会“社区支持农业科技创新创优服务平台建设与惠民应用”（2017 年）等课题研究，及时总结了 CSA 的实践经验，促进了农耕实践与理论相结合，并深化了 CSA、都市农业与新农村建设的理论研究。在北京市农研中心的支持下，由小毛驴团队编著的《中国农业的生态化转型——社会化生态农业理论与实践》一书也于 2017 年 2 月由中国农业出版社正式出版[①]。

作为北京市海淀区的产学研基地项目，市、区两级政府和有关部门一直非常重视这个与农业安全和群众参与式管理都相关的自主创新项目，北京市委常委牛有成、北京市农委主任王孝东、北京市农业局局长赵根武、北京市海淀区人民政府副区长刘长利等领导先后来过小毛驴市民农园调研考察，科技部农村司王亚武处长、浙江省丽水市市长王永康、云南省昆明市农

① 该书由温铁军主编，中国农业出版社出版。此书的主要内容是收集了近年 CSA 的各种研究和案例，并结合第七届全国 CSA 大会的部分嘉宾发言。小毛驴团队黄志友、严晓辉是编委会主要成员。

业局局长郭焕波等领导也曾亲临小毛驴市民农园指导、考察。CSA 内涵的生态性、本地性、互助性等原则，客观上已成为各地政府在构建两型社会和加强社会管理创新两个方面可资借鉴的重要模式。

“能把经济与社会和谐、城乡和谐和人与自然和谐结合在一起的，是农业！这就是为什么农业在北京市 GDP 中的比重不到 1%，但我们仍然要重视农业的原因。”北京市委常委牛有成在 2012 年考察小毛驴市民农园时如是说道。

（五）结语

在乡村振兴的新时代背景下，小毛驴市民农园十年的探索，可谓是乡村振兴的前瞻和前战。这些实践和努力，在生态振兴、产业振兴、人才振兴、组织振兴和文化振兴五个方面，都做出了卓有成效的尝试，成为各地推动乡村建设、城乡融合发展的有效参照。

新的十年，小毛驴团队在大力推进自 2009 年开启的全国 CSA 推广事业的同时，也在积极探索转型之路。一是由生产型 CSA 农场转型为示范型、教育型可持续生活农场，实现平台化的综合功能，成为中华农耕文化城乡交流、国际交流的窗口；二是依托“国仁乡建社企联盟”“中国 CSA 联盟”和“爱故乡”等平台和网络，响应国家乡村振兴和大力发展社会企业的战略，将市民农业试验项目转型为乡村建设社会企业孵化基地，让更多的“小毛驴”走出去；三是通过技术展示、人才培养、项目孵化、生产服务等方式，继续充当城乡沟通的桥梁，建立全国有机农产品展销中心。最终将这里变为城市农夫的田园、孩子们的乐园、新农人的学园，以及爱故乡的家园！

广东金融学院财经与新媒体学院院长、爱故乡文学与文化专业小组组长、著名作家黄灯曾在小毛驴市民农园第八届开锄节（2017年）开幕式上说："小毛驴团队将小毛驴的城市工作与爱故乡的乡村工作有效地嫁接融合，推动了城乡共赢，也是中国文化生生不息的魅力所在。"——

我从遥远的广东到北京，来到著名的小毛驴市民农园，看到这么多的朋友。刚刚看了特别感染人的表演，觉得是一种非常自在、自由、特别骄傲的生命状态，感触特别深。现在的人活得挺艰难的，尤其在城市里面的人。

如果能够在小毛驴这种地方，在爱故乡的感召下过上一种更人性化的生活，是件非常有意义的事情。小毛驴和爱故乡其实昭示着我们要向生命的根溯回，要找到我们生命里面更根本的东西，我觉得这是对现代文明一件非常有修复性的事情。

就像土地要恢复活力一样，我们的文明要恢复活力，就要从农业里寻找新资源，所以在这里特别高兴看到有这么多市民、学者、本土的村民一起努力做事。

只有以虚心、平等、尊重、和谐的姿态，在城市与乡村之间、农业生产者和消费者之间架起沟通与资源合理分配的桥梁，才会有农业的美好前景，才能从根本上解决快速城市化和工业化带来的"三农"问题，最终实现城乡共建。小毛驴市民农园，正是这座沟通城乡的桥梁，任重而道远！

……

时光荏苒，理想却从未褪色；仰望星空，行动须脚踏实地。从“学院”到“小毛驴”，从 CSA 到“爱故乡”，一群年轻人默默地耕耘着，把脚下的土地当作心灵的家园，把无数远方的人们看作自己的亲人。他们将生态农业的理想与自己的人生规划紧密结合，将青春的热情与汗水挥洒在他们深爱的土地上，正努力让知识和劳动在更广阔的土地上结出硕果。

黄志友、严晓辉　国仁城乡（北京）科技发展中心

二

石嫣博士的有机农业梦

北京分享收获

农业，是我们的立身之本；耕读，是一种生活方式。

——石嫣

在中国，自21世纪以来食品安全问题变得越来越受到社会大众的关注。中国几千年的农耕历史中，只是从20世纪开始，农民才开始使用化肥、农药。在中国，我们有8亿农民，占人口总数的近60%，平均每个农民只有1亩多地。随着工业化和城市化的大潮，一大部分青壮年农民进城务工成为打工者，而农业收入只作为兼营性收入，完全依赖农业收入难以维持生计，而即使种植作物，为了确保自然和市场风险低，代价就是更多地使用化肥、农药，也因此，食品安全问题变得越来越严重。

在传统农业中，农民实行土地轮作，种养结合，这样使得土壤可以长期保持肥沃。随着农业的工业化和绿色革命，化肥农药除草剂的使用越来越多，导致土壤及农田环境日益被破坏。而资本化农业的主体目标主要是利润，很少考虑人类与环境的未来。

大量化肥农药除草剂的应用，一方面造成土壤的破坏，这些化学成分又随着雨水流入河流，之后又进入大气循环，最终破坏人类生存的环境；另一方面，昆虫都有抗药性，当第一次喷洒农药时，一部分害虫很快就被杀死了，但是逐渐地，随着不断地喷洒，一些害虫形成了抗药性，每一次喷洒都意味着将来要更多地喷洒，而农民依赖于这些化学药品也将进入一种恶性循环。同时，人类和其他动物也成为这些化学药品的受害者。

农业与食品安全息息相关，而现代农业更加重了人们对食品安全的关注。面对食品安全的种种问题，消费者可以采取什么样的行动来维护自己的权益？在我们城市化脚步加快的进程中，走进美国模式的现代化农业的呼声越来越高，就在这日渐高涨的呼声中，我们听到了一个不同的声音。从“美国务农”半年归来的中国人民大学博士研究生石嫣，在赴美半年农民生

◎石嫣

活后，为中国带来了“社区支持农业”（CSA）这一全新的农业经营理念，她的目标是建立中国第一个“社区支持农业”农场，直接把菜送到社区居民家里，让大家吃健康菜，解决当前严重的食品安全问题。基于此，回国后的石嫣和她的团队在北京凤凰岭建立了中国第一个社区支持农业模式的农场“小毛驴市民农园”，随后又创办了“分享收获”农场。

（一）中国社区支持农业（CSA）的兴起与发展

1. 社区支持农业模式的由来

社区支持农业（CSA）模式于1971年最早出现在德国、瑞士和日本，1980年出现在美国。最初的出现就是因为市民对于食品安全、环境污染等问题的关注，生产者和消费者之间建立一种共担风险、共享收益的关系，消费者会预付生产费用与生产者共同承担在来年农业种植过程中可能会出现的风险并支持使用生态可持续的种植方式。与以往的收益方式不同，生产者在季节之初就获得了这一年种植的收益，并且这部分收益对生产者付出的劳动来说是公平的，与此同时，消费者也获得了生态有机种植的健康农产品。

（1）对于本地社区的好处：

①消费者从他们了解的来源得到新鲜的食物、更短的“食物里程”带来的环境效益，更少的包装，更生态的、能够改善动物福利的农场。

②更高的本地就业率，可促进本地经济发展；更多的本地

化食物加工，本地消费和社区内的经济循环；教育人们有关食物的多样性、生产方式和生产成本等。

③改善本地的景观，鼓励更可持续的农业生产方式。

（2）对于农民的好处：

更稳定的收入，从而能够改善生产计划，得到更多专注于农作的时间；因为向社区直销，所以得到更高的、更公平的收益回报；更加融入本地社区中，能有机会对消费者的需求做出直接反应；得到劳动力上和未来项目计划上的帮助。

农业是有风险的。通常来说，农民承担了农业所有的风险，但是在CSA项目中，消费者有时可以和农民共担风险。

2. 中国CSA模式的试验

目前中国已有超过1000个CSA农场，它们分布在全国各地，针对当下食品安全和环境等食物系统问题，这种CSA模式可以给出一部分解决答案。石嫣2006年从河北农业大学本科毕业，后被保送到中国人民大学农业与农村发展学院攻读硕士，师从著名"三农"问题专家温铁军教授，2008年石嫣受美国农业政策与贸易研究所（IATP）和中国人民大学资助到美国明尼苏达州的地升农场做了半年的农场参与式研究，2009年回国参与创办中国最早的CSA农场"小毛驴市民农园"，2011年博士毕业后于2012年创办"分享收获"。

分享收获可以说是中国社会生态农业实践和推广的引领者，也是健康生活方式和农耕文明的传播者，通过健康的食物重建人与土地的联结。

分享收获是一家以推广生态农业、产消互信为使命的社会企业，不以利润最大化为目标，而是以社会、生态、经济三方面综合发展为目标。一方面，分享收获通过组建物流，将基地生产的健康蔬菜、肉、蛋及符合分享收获标准的合作生态农场（农户）的农产品（如各种杂粮）直接配送到会员家中，并且组织各种会员社群活动推动消费者与农场之间互信团结的关系。目前分享收获已经提供服务的家庭超过 1000 户；另一方面，分享收获积极参与社会公益事业，已经在多所学校开展食育教育公益课程，在农场每年设计的“新农人实习生”项目，培养了全国各地众多的返乡青年。农场通过组织参观活动、每年近百场公益讲座，以及全国媒体报道关注，推广和传播生态农业、健康饮食、产消互信的理念。石嫣的经历及团队的创业历程，有许多想不到的精彩。

（二）石嫣的美国“洋插队”

对于大多数中国的年轻人来说，“插队”这个概念是陌生的，尤其是对于像石嫣这样从小生活并成长在城市中的孩子。尽管她没有过下乡的经历，但是，通过父母对她的培养和教育，以及温铁军老师两年来对她的教导，父母老师对人生的认识、对生活的态度、对农村农民的感情，对她产生了巨大的影响。

“插队”这个概念，其实源自 1966 年“文化大革命”爆发后，中国社会陷入一种特殊的状态，这时，城市里的就业机会大幅度降低，于是从 1968 年开始，有两千万城市里的青年知识分子和干部以插队落户为名到乡下劳动。毛主席发出号召：“知识青年到农村去，接受贫下中农的再教育，很有必要。要说服城里干部和其他人，把自己初中、高中、大学毕业的子女，送到乡下去，来一个动员。各地农村的同志应当欢迎他们去。”

尽管现在这些知识青年对当时那一段经历有不同的评价，对于那一段“激情燃烧的岁月”，有人认为几年的插队生活耽误了他们人生中最美好的时光，有人认为那是一种生活不得不有的选择。但是，知识青年插队对于中国广大的农村来说，却带来了巨大的改变，农村有了赤脚医生，有了给孩子们上课的老师，有了知识青年带来的新鲜事物，有了对于农田水利劳动力的巨大投入……很多东西至今还有很大的影响。

当下，农业的立体污染已经成为中国最大的污染源，同时，食品安全问题层出不穷，农民在农产品销售的最终利润中份额越来越少，于是导致恶性循环，为了提高利润就要增加产量，于是要用更多的化肥和农药。

同样的问题，在美国工业化城市化高速发展的 20 世纪七八十年代也曾经出现，于是就出现了一种新的农产品贸易方式和理念，即：社区支持农业（CSA）。简单来说，CSA 就是让社区和农产品生产者间建立一种直接的关系，农民寻找愿意预定他们农产品的社区成员，或者社区成员组成消费合作社再寻找合适的农场预定产品。一方面，这样的方式让农民和社区成员双方获利，另一方面，增加了彼此间的信任，更是一种对社区成员的教育方式。

于是，石嫣在美国另类“插队”的故事就这样开始了。

2008 年 4 月 18 日，在美国农业贸易与政策研究所的帮助下，石嫣来到了美国明尼苏达州的一个农场（Earthrise Farm）开始了她的美国农民生活。在这里，她真正成为一个农民，每天和农场主在一起劳动，从种植到收获，从农场寻找社区成员到分配这些农产品份额到社区中，从浇水、除草到采摘。与此同时，她的身份还是一个中国人民大学的研究生，她不仅要劳动，同时还要观察、访谈，从另一个角度来做研究。

说这个经历“另类”，或许是因为学生出国大多选择到大学学习或者研究，难以想象来到美国是当农民，而且是整半年的时间。其实，这个农场在美国也是一个非常“另类”的农场，只有一百多亩地，属于美国的小农场。在这个农场的半年工作生活，影响石嫣最深的就是农场人对于饮食的理念：

第一，我们吃的所有蔬菜基本上都是我们农场自己种植的，并且是应季的；

第二，我们吃的面粉、大米、豆类、麦片等全部都是有机的而且是本地化的；

第三，我们吃的面包，所有的成分来自我们农场本地购买的有机小麦、面粉、蜂蜜、亚麻等；

第四，我们吃的鸡蛋，来自我们农场散养的母鸡（每天它们都悠闲地散步在整个农场，有时候还会跑到我们的地里吃我们的西红柿）；

第五，我们喝的牛奶来自我曾经访问过的Gerard的奶牛场，是天然未加工的鲜奶（raw milk）；

第六，我们吃的猪肉、牛肉来自以草食为主快乐饲养的农场，这几个农场我都曾经参观过，它们是那么快乐地生活在那一片草场上，而对人类的靠近又是那么地没有警惕性。我们吃的鸡肉，是我们农场自己养的鸡然后找屠宰场屠宰的；

第七，我们喝的咖啡是公平贸易的咖啡。

所有的这些，全部都体现了这样一群人：他们认为自然界的多样性与和谐是人类生存和发展的基础，动物更是我们人类不可或缺的伙伴；他们本地化购买，支持本地商业减少能源消耗；他们购买有机食品，支持家庭农场。

可是，并非每一个人都能认识到这一点，很多人从来没有考虑过动物的感受，很多人只是把它们当作商品来对待。

在城市中，找到所有的这些有机食品仍然不是一件易事，不知道那些食物都从何而来，是否健康，那些动植物到餐桌之前是否被善待。越多的人认识到动物生活环境健康的重要性，越多的农民有机耕作，更少的化肥农药除草剂，更少的抗生素荷尔蒙，更快乐的动物，更健康的人类——更好环境的地球。

石嫣说："'吃在当地、吃在当季'，这是目前在美国兴起的一场食品本地化运动。当越来越多的人了解我，了解社区支持农业的时候，我希望更多的人了解到的不是石嫣这样一个人民大学的女博士去美国当了半年农民的故事，也不是 CSA 这种农业销售模式能否有投资潜力，而是以此了解这样一场运动，让我们能更清楚地看到食品系统背后的真实情况。"

这样一场运动，背后反对的是庞大的食品帝国对全球食品系统的控制。

这样一场运动，坚持的是一种可持续的生活方式，而CSA则是作为这种生活方式中的一个选择。

这样一场运动，渴望的是从社会中“脱嵌”的市场，能够再回到人类原有的轨道。

她的这场梦就由此而来。

（三）“小毛驴”的三年试验

2008年底，石嫣回到大学里，正好此时她的导师温铁军在中国人民大学与海淀区政府的支持下，于凤凰岭脚下开办了一块试验田。2009年初石嫣就申请去了基地，与基地上几个做乡村建设的小伙伴一起计划开春后农场怎么做，大伙给农场起了名字“小毛驴市民农园”。既然是试验田，他们当时都没有考虑什么商业模式的事情，更多考虑的是怎么能将这个CSA模式实现出来。有位市民朋友听到了他们的故事，希望他们能去社区作个讲座。可能是讲座时间安排得不好，活动只来了两个家庭。但活动没有取消，这两个家庭听了石嫣的介绍之后，成为他们的铁杆支持者，还印刷了他们的宣传单，贴到了小区的各个单元宣传栏里，一下为他们招募到了近20位感兴趣的消费者。

石嫣记得，3月农场地里还什么都没有，显得有点荒凉，消费者没有过去的体验经历，他们一群学生也没什么种植管理经验，那些消费者和他们一定是怀着相同的梦想。一个消费者说：“选择你们，即使种不出来，我们最多半年损失2000块菜钱，这是可以测量的；反之，我们吃到不安全的食物，身体的伤害难以估量。”顺利的是一个月后他们就招到了 17 位自己到农场种地的会员，37 位配送到家的会员。

其间，他们也做过一些“傻事”——比如，坚持要求要登门拜访每个配送会员，向会员讲述他们的理念，然后再收费。因为大部分消费者只有晚上下班后才回家，所以近一个月的时间，他们每天下午四五点从农场坐公交车出发，到市区大概六点多，再找家门，跟消费者聊一会儿带着钱回农场。

蔬菜按照计划长出来了，开始给会员们进行配送。但当时农场没有多少农业设施，应季蔬菜的品种很少，几乎连续一个月都是绿叶菜。有一次给一个会员送菜，箱子被扔了出来，听到有人说：“我们脸都快吃绿了！”消费者的关爱和抱怨几乎贯穿了第一个种植季，不过石嫣团队配送日凌晨四点多起床摘菜的激情不减。

三年多的时间里，“小毛驴”一下火了，一度到农场排队的家庭就有 200 多个，到 2011 年就有了 800 多个会员家庭。石嫣这几个年轻人，以开放的心态迎接着全国各地的参观者，也回答着很多从未想过的问题，“比如：你们的商业模式是什么？当时团队内部也有很多激烈的争论，比如：我们给这些消费者配送是不是背离了我们为农民服务的初衷？我们是不是要商业化？这么多媒体报道是好事吗？”应该说，小毛驴的三年为这群年轻人的成长交了不少学费。

小毛驴 CSA 项目不仅仅承载着发展生态农业、推进市民教育的作用，还担负了对青年人的教育功能。一方面，现在的大学生面临着时代的变革，价值观和信仰都处于一个变化的时期，很多大学生都会在上学期间因为找不到人生方向而感觉“郁闷”，这是社会的问题，但也可以尝试缓解，这也是农业康复功能的体现。石嫣说：“让这些大学生到农场工作半年，肯定不会再有那种消极的情绪。”另一方面，现在的大学生面临着很大的就业压力。大学生毕业都把目标定在高收入或者高权力的资本化部门，越来越多的大学生从农村走出去，却再也不愿回去建设生养自己的土地。由于内心深处对儿时“贫苦”生活的摒弃，因此会在今后工作中作出所谓“现代化”目标的决策。

（四）CSA 模式的本土化改造

社区支持农业（CSA）的概念是不要中间商来操纵当地的食品经济。CSA 的重要原则是农民在具有生态安全的农业系统中生产健康的食物，消费者也是“股东”，也要承担生产耕作的风险，比如可能遇到的自然灾害，等等。

1971 年，日本的一群家庭主妇开始关心农药对于食物的污染，加工和进口食品越来越多，而本地农产品却越来越少。于是，她们就与生产者达成了一个协议，这种方式叫作 Teikei（提携），是共识或一起合作的意思。这一理念后来传播到北美和欧洲，在美国最早创办这种模式农场的人们把这个模式称为社区支持农业（CSA）。CSA 背后所蕴含的理念是建立起本地的食品经济体系并创造一个环境，在这个环境下，农民和消费者一起工作来实现食品保障和经济、社会与自然环境的可持续性。CSA 没有一个特定的模式。每个社区都有各自不同的因素和条件，因此也形成了各自不同的模式。“分享收获”开始了本土CSA的改造。

1. 创办分享收获

2011年，石嫣完成了关于替代食物体系信任研究的博士论文，顺利毕业。2012年石嫣选择再次创业，受到日本守护大地协会的启发，她和几个小伙伴考虑建立一个连接生态农户和消费者的平台——“分享收获”，以村庄为基础扩展消费者的规模。

她的团队先在通州的马坊村租了个农民的院子，办公加住宿，这个院子也是他们第一个合作农户郎叔家的房子。当时，有人给他们介绍了村里的种菜能手郎叔，郎叔看了两个视频，又去小毛驴参观了一次，竟然答应了跟石嫣他们合作种生态菜。

可是，合作的第一年就遇到了问题。

团队住在村里，每天都要到地里看种植情况，有一天早晨，同事“秀才”发现已经开始结果的茄子叶片上有异样，一问郎叔，郎叔如实说“用了药”。也许是郎叔想试探石嫣对标准的坚守，也许是遇到红蜘蛛他太担心没产量，造成石嫣他们只有两种选择：第一，把现在挂了果的茄子全部摘掉，再长出来的可以销售；第二，茄子全部拉秧，今年不配送茄子，把情况告知会员。团队一起开了个会，决定用第二个方案，将近半亩地的茄子拔掉，心里觉得特别可惜，但也用这次事件进一步建立了跟郎叔合作的基础标准。那年之后，再没有出过问题。

其间，石嫣团队给郎叔无息贷款盖了四个大棚，每个月也保证结算的斤数，但郎婶还是不断来找石嫣，觉得挣钱太少，希望提高价格。对于一对起早贪黑种菜的农民来说，确实特别辛苦，村里也没有其他农民愿意干这活，第一年冬天，也很凑巧，又遇上了三十年一遇的寒冬，郎叔地里仅有的四个大棚和少量阳畦及冬储蔬菜无法跟上会员的供应，只能选择隔一周配送一次，团队几乎都是以每月两三千的收入维持。石嫣自己都觉得可笑："我们总想支持农民，其实人家郎叔有地也有房，可我们这群人还要向郎叔租房子，我们得先让自己活下来，得有生产能力，这就需要好的生产设施，我们自己要把农民的生活过好。"

2012年冬天，顺义区农业部门的一位领导偶然看到分享收获的采访，心里嘀咕：真会有这样一群年轻人干农业吗？他没有告诉分享收获团队就直接开车到了村里，看到团队几个小伙子正在挖地窖储存白菜。这之后，他帮忙介绍了顺义区一个面积不大的设施农场，农场里有20多个大棚，可以直接投入生产。现在分享收获可以全年每周供应超过二十个品种的蔬菜，全年蔬菜品种超过80个。

分享收获的会员也靠口碑相传逐年慢慢增长。同时，团队依旧用心照顾着每一块他们耕种过的土地，无论什么样的条件，从改良开始。北京的确有空气污染，但石嫣认为既然生活于此，就一起努力来改变，从土地开始改变，不使用化肥和合成农药，用物理和生物防治的方法，土壤的有机质在逐年增加，体现土壤活力的微生物和小动物的数量也在明显增加。

2015年至2017年，分享收获又参与承办了国际第六届CSA大会和第七届、第八届、第九届中国CSA大会，此时CSA的理念和实践已经遍地开花了。据不完全统计，全国有1000多

◎分享收获团队在采收蔬菜

个这样的生产主体，几十万个消费者家庭在参与这场饮食变革，孵化无数个生态农场和消费者的梦想已经实现了。

2. 培养“新农人”

分享收获团队由新农人和老农夫两部分构成：

新农人团队有 25 人，以 80 后、90 后为主，平均年龄 28 岁。团队中 90% 以上拥有大学本科以上学历，其中博士 2 名，硕士 1 名。团队成员专业涉及广泛，有学物理的、有学医学的、有学生物的、有学计算机的，也有学农业的，但都会背诵“二十四节气歌”。团队成员住梨园公社，吃食堂。他们是“有理想，有文化，有道德，有激情”的“四有”新人。新农人团队主要负责标准监督、生产记录、农场生产规划、活动组织、会员服务等工作，并且同时向老农夫们学习。

老农夫则是基地所在村庄的传统农民，目前有 20 多人，主要以 50 后、60 后为主，平均年龄 58 岁。他们拥有长期的农业耕作经验。

石嫣作为全国农业职业教育指导委员会委员，积极参与推动农业职业教育和新农人计划，她提出中国未来的乡村应该是：具有农业生产技术、经营理念的“新农人”；可以让子子孙孙长久持续耕作的“新农业”；可以让农人安居乐业的“新农村”。

分享收获每年的“新农人”计划招募5~10名实习生，他们将在农场至少学习两个月，了解分享收获的理念，学习农场耕作技术和运营管理，农场还不定期提供短期志愿者机会，让那些希望体验农耕工作和生活的人也有机会近距离了解CSA。

与此同时，分享收获与好农场APP合作组织“新农人”“农场经理人”培训，从早期每个季度组织一期到现在每个月一期，面向全国招生，主要授课内容是生态农业技术、CSA农场经营、国际生态农业情况介绍等，有的培训班会邀请专家学者授课，有的则完全是农场各个部门负责人讲课，每期招生20~30人，亦可根据不同组织主体的需求组织培训，目前已经组织六期，全年可培训约200人。

3. 招募“谷东”和会员

石嫣认为蔬菜本身没有很高的利润可言，如果投资人是以投资回报为目的的话，这样的资金不太合适，但如果可以回报蔬菜呢？这正是社区支持农业的核心，因为需要资金周转来预付土地的租赁费用。于是他们开始招募“谷东”，即会员。作为分享收获的“谷东”，需要在一个季节的种植之初，预先支付这一季蔬菜份额的全部费用，分享收获按照预定计划生产出各种蔬菜和其他农产品，定期配送给“谷东”，并且保证蔬菜及其他农产品的健康与安全。同时“谷东”可以不定期到农场参与劳动体验，参与生产。其间，分享收获将不定期举办各种活动，编辑相关简报，向“谷东”传送地里的动态信息。

2012—2015年，分享收获都是按照经典的CSA模式来运营的，但逐渐有消费者认为有的蔬菜家里有忌口，希望可以选择蔬菜。这个时候分享收获的会员逐步稳定增加，如果将大家不吃的东西每个单独标明同样会需要一定时间，如果蔬菜在产量可控的条件下，增加大家的选择，无疑对CSA模式也是一种创新。

4. 融入互联网元素

互联网进入移动终端时代，越来越多的人把网络作为消费平台。卖家通过手机拍照，上传照片，添加文字描述，就算是开了一家店铺，只要保持手机和网络的联通，就能随时随地做买卖；买家通过手机浏览商品、下订单、支付，一切行为都变得如此简单。移动互联网与传统商超流通渠道相比，极大地节约了交易成本，提高了社会经济运作的效率，但是，生态农业产业链中的信任问题并不会因为移动互联网的便捷高效而增强。

当配送到客户手中的蔬菜没有市面上精美的样子，质疑的呼声便开始了：“西红柿的花皮是不是打药了？青椒的巨大是不是用了膨化剂？黄瓜怎么这么丑？你们到底有没有好好经营？大白菜怎么那么多虫……”根本原因在于消费者已经距离食物的来源太远了，不知道真实条件下健康的食物应该是什么样子。

有了微博或者微信这类自媒体后，蔬菜生产过程中如何保证无农药、无化肥等，城市里的消费者最感兴趣的信息就可以很方便地传递。分享收获建立了会员微信群，创办分享收获公众号，不定期向会员发布农场的种植情况，将 CSA 相关理念、影响传递给会员。在石嫣的理解中，“生态农业的消费者不单纯是订购一份有机蔬菜，获得一份安全的、未采用农药和化肥的食物。同时，他们也应注重土壤改良和环境保护，注重生态系统的可持续。因而，他们愿意与自身的消费欲望达成和解，控制和削减奢华、不必要的消费，吃在当地——减少长途运输的能量消耗，吃在当季——不过分向土地要求产出。这并不是要求消费者做出无私的牺牲，而是希望消费者懂得理性消费”。

2014 年年底，分享收获创始人之一——石嫣的爱人程存旺意识到，当一个 CSA 农场会员数量超过 50 个家庭的时候，就有数据管理的需求，否则可能造成比较多的错误数据。与此同时，全国的 CSA 农场缺乏一个信息交流的平台，所以好农场 APP 应运而生。好农场未来将作为全国 CSA 农场信息管理以及招募会员的平台。

使用好农场 APP 之后，目前分享收获的客服人员从 3 个减少到 1 个，通过数据管理，大大降低了农场的人工成本。

5. 开展普及性的“大地之子”食农教育

“大地之子”食农教育从 2014 年开始，是由石嫣发起，由农场核心会员小组协助推动的公益性质的项目。该项目由分享收获团队设计食农教育的课程体系，为孩子的健康成长提供一片“绿地”，不仅让孩童了解农作物从栽种、采收、烹饪，到餐桌的过程，也培养孩童选择食材的能力，以及对于食物来源、生态农业的认识；更希望借此项目将食品安全观、生态农业等

◎天地气交，万物华实

可持续发展观透过孩童进入各个家庭，扎根于社会。

居于田而识美，耕于田而为善，思于田而修真。农田距离自然最近，也距离人类的生活最近。在农田中，可以感受自然界中四季更迭、万物轮回，认识大自然万物之间相互作用而产生的美；在农田中，有鸟儿、有蔬菜、有果树、有昆虫、有微生物，与它们和谐相处，善待自然也是善待人类自己；在农田中，巧妙利用大自然中的物质和能量循环关系，土地能够赋予丰富而营养的食物，认识真正的问题在哪里，创新性地提出解决的方案。

农业与每个人的饮食息息相关，也是所有人都能通过改变自己就可以形成对世界改变的切入点。农业不仅仅是产出农产品，也是饮食文化教育的重要组成部分，更是一种与自然相处的智慧。“吃在当季、吃在当地”作为一种饮食理念，需要的是在地化的行动，而这种行动是建立在全球化的思考之上的，只有对目前食物过剩和短缺并存，饮食结构对农业生产结构的影响，农业与金融、政治、生态相互之间的关系有着全球化的思考，才能让大家看到“改变从我开始”不仅仅是一句口号。

分享收获希望从问题出发，带孩子们来到农业和自然的世界。大地是母亲，每个人都是她的孩子。孩子们在校园通过更多的农田活动，理解自然农业的理念，获得更多的农业生产方法，建立与食物的关系。农业本不该与城市割裂，农业应该是都市发展的一部分，让孩子们知道食物从哪里来，将是食物教育最重要和最首要的一部分。

目前分享收获团队会不定期举办夏令营活动，让孩子们衣食住行都在农场，参与其中，孩子们可以感受自然界中四季更迭、万物轮回，认识大自然万物之间相互作用而产生的美；团队也与学校合作，由专门的食农教育老师去学校授课，协助开展一米菜园项目，让学校里的孩子也能参与种植，可以近距离地接触食物的生长、生产过程，感受食物真正的美妙，并自己动手，做出美味，与家人和自己的小朋友分享，做一个充满创造力的快乐小农夫。活动从时间上覆盖了春生、夏长、秋收、冬储整个自然循环过程，知识内容则涵盖了食物种植、烹饪、加工、分配的全过程。活动主要以体验式的学习方式为主，让学生从小关注身边的农业，正确认知社会的现状，正确了解食物和食品，增进与大自然的接触，让生活变得更美好。

（五）“让 CSA 成为大家的追求”

2008 年至今，石嫣及其团队已经先后建立了小毛驴市民农园、大水牛市民农园、分享收获、溪地都市生态农园等，直接影响返乡青年、创业者、农民、消费者几千人，间接影响几十万人，直接实现土地净化保护一千多亩。另外，因受到分享收获直接或间接影响，在全国范围内成立的社区支持农业 CSA 农场已经超过 1000 家。

分享收获知道光靠自己的力量是不够的，在不断推广 CSA 的理念中，也在吸引大量人才回归土地，培养更多新农人参与其中，生活其中，扎根乡村。

1. 搭建“食物社区”

通过分享收获多年来的推广，越来越多的新农人也加入了乡村发展。可是他们发现，不是自己没有生产技术，而是没有销售渠道，建立起农场直接到消费者的 CSA 模式往往需要距离城市比较近，而且因为信任度不够，需要大量与消费者互动，这也增加了沟通成本。

分享收获支持他们转向有机农业，有些品种如水果，在转向有机操作的时期，如果使用了少量化学药品，为了支持这些农人的转型，会透明生产记录和检测结果，供消费者选择判断。这些农人中很多都是分享收获孵化的新农人，他们刚刚返乡的时候，一般都会缺乏市场，分享收获的协助销售也是给予他们创业的支持。分享收获还会根据有机的生产标准，通过监督和检测的手段，与认同有机农业、CSA 理念的农人合作，搭建食物社区平台，扶持新农人的创业，给予他们更多的鼓励。这也为分享收获的会员带来产品的多样化，不光蔬菜保障，在油盐酱醋及生活用品上也有更丰富的选择。

分享收获目前自有蔬菜生产基地全年生产约 80 个品类，按照当季、当地的原则，生产标准遵循国际有机生产标准，虽未进行有机认证，但采用有机的生产方式，不使用任何已知的化学合成农药和化肥，通过良好的田间管理，最大限度减少病虫害发生的概率，少量部分品种使用有机国标允许使用的生物制剂进行防治，并每年对土壤和蔬菜进行抽样检测。

2. 发起“CSA 联盟”

2008 年以来，食品安全问题和环境保护、城乡差距、可持续发展等重大议题受到全社会各界民众的广泛关注。顺应国家宏观政策引导和消费者需求，社会参与式的生态农业在全国各地蓬勃兴起。但是，分散于全国各地的中小生产者在缺乏强有力的资金、技术、物流等外部支持情况下，仍然面临着很多困难。

2009 年第一届全国社区支持农业大会上，由小毛驴市民农园等 9 家农场组成“市民农业 CSA 联盟”。2015 年 11 月 19 日，在北京顺义区召开的第六届国际社区支持农业大会和第七届中国社会农业 CSA 大会上，生态农业互助网络正式转型为中国社会生态农业 CSA 联盟。2017 年年初，社会生态农业 CSA 联盟完成独立注册，全称为“北京市顺义区生态农业发展协会”，简称“CSA 联盟”。

联盟主要倡导：

一是以负责的态度安全地经营农业，只使用经过科学实验研究证明对土地和生命无害的生产技术和物质。合理使用轮耕、堆肥、绿肥等适用技术，禁用合成杀虫剂、除草剂、杀菌剂、

◎成立中国社会生态农业 CSA 联盟

化肥；尽量使用无包衣的自留种或杂交种子，拒绝使用转基因种子；人道地对待牲畜，禁止在饲料中使用激素、转基因作物或者抗生素等添加剂，以此从根源上解决国人的食品安全问题。全力保证生产过程中一系列环节的安全性，以此保护农业可持续发展的环境，保证土壤的活力和农作物的健康。

二是坦诚地保持生产者和消费者的良好沟通，帮助消费者获得信息。每个 CSA 联盟消费者成员都可发起参与式农场监督，以更好地维护 CSA 发展。

三是在日常生产和消费中，从自己和家人、朋友做起，从现在做起，影响和带动国人提升环保意识和生态文明理念，让多样化生活和有机生产实现可持续，让地球多样化的生命可持续。

四是能通过遵循 CSA 的生产方式获得经济收入，改善农人生活，提高幸福感。

3.“生活于乡村、工作于乡村”

分享收获这个团队跟其他创业团队不同，创业只需要解决就业的问题，而他们其实是在创造自己的生活。年轻人到城市去工作，只需要按部就班，工作、结婚、买房子、生孩子……而在乡村，大家可以尝试创造属于自己的道路，结婚后要买房子还是在村里租房？孩子的教育怎么办？团队的孩子多了，可否自己办社区幼儿园？似乎每个问题都在挑战传统的价值观。

团队同事孩子的学前教育就出现了现实性难题，不仅影响了同事的工作状态，也形成了一定的家庭问题，对工作团队的稳定、人才的引进和培养也造成了困扰，也成为他们在思考社会传递时的一个难题。

“乡建中心培训基地”位于大北坞村东南角，距“分享收获顺义基地”有着不到 10 分钟车程的距离，在这里聚集着中国人民大学乡村建设中心培训基地、清华大学社会学系实践基地、梁漱溟乡村建设中心、全国农民合作社培训学校、大中华区慢食科学委员会。除了每天在这里辛劳工作的学术、科研、行政人员外，亦有来自全国各地的相关学者、从业者来此交流和举办活动。

2017 年 7 月，石嫣便携手乡建中心创办乡建幼儿学堂，计划做成一家小而美的学子中心。十余个孩子一起学习和成长，一线教师有明确的教育理想并且每周接受系统培训，课程提前发布、工作坊不断上演，有面对中国优秀文化和世界经典价值观的教育理念，有结合节日、节气期的时间概念，有自身认知、医药卫生、体育游戏、文字文学、音乐美术、民艺美学、烹饪食材、生态种植、环保实践、自然科学、社会认知、文化对照等领域的系统课程……让同事、附近的村民、留在乡村生活的人都能接受好的教育。石嫣说："在这里，孩子们将得到一种人格性的陪伴和'唤醒生命之美'的成长。"

4. 重建人与土地联结

当一些人把随时随地能吃到世界各地的食物作为生活品质提高的一种象征时，国际上有另外一群人开始以"本地食客"（locavore）自居并形成了一场社会运动，这些人只吃距离自己生活所在的 100 或者 150 公里内生产的食物。这个运动的核心其实是只有本地化才容易重建人与土地的联结，让消费者真正从距离上深度参与农场的活动。

中国有句俗话：一方水土养一方人。影响农业的要素包括水、土、光、热等诸多方面，也就形成了"橘生淮北则为枳"的农产品地理特性。石嫣说："应季种植可以减少食品安全的风险，植物一年四季的生长是和气候变化密切相关的。比如，在北京，夏天要想露地种植叶类菜不用农药的难度非常大，因为夏季也是昆虫交配繁育的季节，同时，温度太高叶类菜不容易生长。而夏天瓜果类蔬菜则是最适合生长的季节，产量会非常高，即使不使用化肥、农药也是可以有不错产出的。"

让农业恢复它本来应有的生产、教育、娱乐、康复功能，将有机种植与商店、学校、餐厅、医院相结合。

分享收获正在做的就是恢复土地地力，减少运输距离，缩短从土地到餐桌的距离，减少能源消耗，缩短人与人之间的距离，消费者享受到有机、健康的食品，农民获得更加公平的收入。

石嫣说："食品本地化，不单单是指农产品的生产，这一整套链条包括利用农业的教育功能，将最健康的蔬菜送到学生们的餐桌上，将学生们带到农田，垃圾分类回收。我们可否也将部分绿化土地，通过种植的方式绿化呢？我们现在城市里的孩子连自己吃的东西怎么生长的都不知道，他们又怎么能够关心种植这些东西的人呢？”

（六）分享收获的创新及影响

1. 对生态和环保概念理解的创新

分享收获项目试图突破传统意义上对环保的理解，将环保的理念延伸至每个家庭和个人的日常生活和消费方式中，将原来只在田间地头的农业引入城市社区和市民的生活中，使环保和生态不只停留在“观念 / 保护”层面，而是与每一位普通人的生活方式及消费行为息息相关。“吃有机蔬菜，也是参与环保。”

2. 农业技术的创新

项目在创立初期，就一直坚持严格按照有机方式去组织种植、养殖生产。结合团队以往的经验与实践基础，广泛与国内外组织合作。项目开展五年多来，已经在蔬菜轮作、病害与虫害防治、植物堆肥技术、雏鸡育成方面进行了技术创新，并成功将中医与养殖技术结合起来。

3. 组织形式的创新

社区支持农业 CSA 项目，是生产者和消费者直接对接的模式，提倡吃在当地、吃在当季，既减少了中间商的操纵，也节省了食物长距离运输造成的能源消耗。营造简单、环保、可持续的消费文化，反思不可持续的发展模式，建立消费者与生产者共同环保链条。

4. 宣传教育的创新

组建“大地之子”项目，把农场和学校联系起来，把学生带到农场，把农田建到学校，以“探究式”和“体验式”相结合的宣传教育模式，来替代以往传统的“说教式”模式，让来农场的成年人和儿童都能够亲身体验到有机农业、土壤保护、物质循环等理念。

分享收获与北京师范大学社会发展与公共政策学院中国公益教育研究所合作，成为北京市教委指定的小学生公益课堂实践基地，为更多的孩子提供农业、环保方面的宣传与教育。

5. 品牌定位

“分享收获农场”是分享收获自产基地蔬菜、水果、粮食、畜禽等初级农产品品牌。

“分享收获食物社区”是分享收获公平贸易产品销售平台，按照“分享收获生产标准”生产，并通过推荐、考察、检测等环节，以公平的价格供应消费者。

“分享收获大地之子”负责分享收获教育培训的工作，目前主要工作内容包括：面对青少年的亲子农耕自然教育活动，校园菜地，都市农业教育，可持续食堂；面对成人的新农人 CSA 培训。

“分享收获棚友食堂”是分享收获餐饮品牌，主要包括分享收获农场活动有机餐提供，以及分享收获加工品，如馒头、面条、豆腐等。

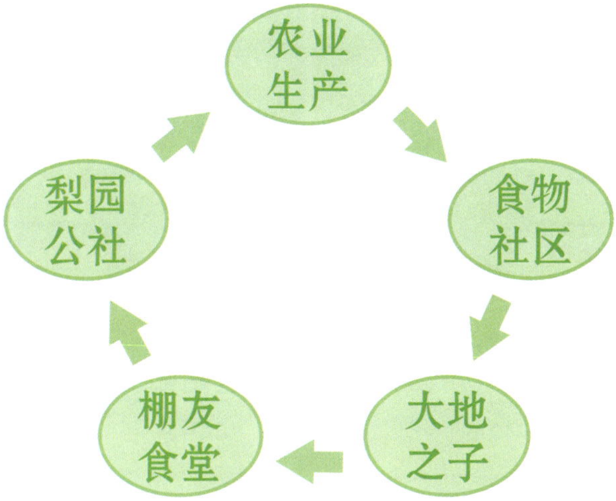

（七）结语

石嫣在2017年分享收获农场的年会上，这样总结分享收获的使命：

坚持集体的力量大于个体；

坚守我们作为新农民团队的使命；

坚定地通过社会企业模式实现社会、经济、生态多元价值；

坚信我们这一代可以继承发扬中国的农耕文化。

农民应该是个伟大的职业而永远存在，优秀的农民应该是个顶天立地的人，借助最少的外部资源，最大程度成本内部化，上知天文下知地理，照料动植物、照料建筑、照料水利、照料设计……勤劳、勇敢、坚强、节俭。

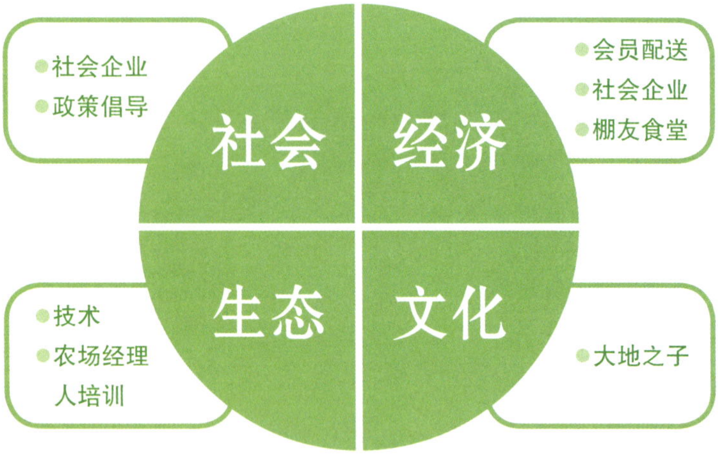

经过近六年的发展，分享收获已在北京通州区西集镇马坊村拥有60亩有机生产方式的农作物种植基地、110亩林地养殖基地，在顺义区龙湾屯镇柳庄户村拥有50亩农作物种植基地以及230亩果园，生产能力能够确保全年每周供应超过25个品种的蔬菜，全年品种超过80个，还有自己林下养殖的鸡场、猪场提供的蛋、肉产品。此外，分享收获与黑龙江五常大米合作农户、陕西苹果、杂粮合作农户等全国几十个小农户，以公平贸易的形式支持青年人返乡做生态农业。目前，分享收获在北京有1000多个家庭的份额会员，成为全国最著名的社区支持农业农场和都市型生态农业推广基地，其“食在当地、食在当季”的消费理念也在全国范围内形成了广泛的影响力。从《中国周刊》到《三联周刊》，从《光明日报》《中国青年报》到《人民日报》《ChinaDaily》，从北京卫视、凤凰卫视到CCTV4、CCTV9、CCTVNews等相关媒体都进行过报道，分享收获的荣誉也数不胜数。

尽管分享收获已经取得了很大的成绩，但与创业团队的远景目标——解决食品安全问题、农业污染问题、连接城市和乡村、让农民有尊严、让乡村有生机相比，还有很长的路要走。

章亚敏　社会生态农业 CSA 联盟

三

一个人的生态农业坚守之路

北京房山天福园有机农庄主张志敏

这是一条坎坷不平的人生之路，也是一条无悔无怨的平凡之路。这是一个传奇女子书写的时代之路，也是一个普通女性走出的生活之路。这是一条起初只能踯躅独行的小路，如今却有千万农人汇入的大路。

这条路是生态农业之路。

张志敏就是行走在这条路上的人。近二十年来，她开拓着，她行走着，她坚守着，在生态农业之路上矢志不渝。

◎张志敏

（一）从城市金领走向生态农业

20 世纪 60 年代，张志敏出生于北京市的一个普通家庭。她聪明好学，小学三年级便脱颖而出，被选中专门学习外语，作为共和国急需的涉外储备人才。在恢复高考那年，顺利考取大学学习外贸专业。

相比于同时代的许多青年，张志敏可谓佼佼者，她始终走在时代的前沿。大学毕业之后，她被分配到“国企”，从事食品国际贸易，考察过几十个国家，积极开拓进出口市场。由于她的专业学识和职业素养，1997 年从新闻报道中得知中美签订农业合作协定后，她便开始开发美国市场并关注中国加入 WTO 进程。2000 年 3 月 20 日，中美签署动植检协定当天，她就与美国出口商签订了合同，成为中国对外开放农产品市场的第一个行动者，及时助力中国加入 WTO。与此同时，她也感受到国际农产品迫切打开中国市场给中国农业、农民带来的巨大压力。

1. 反思：农业和农民的出路在哪里？

农业和农民问题作为时代命题，张志敏从这个时候起就苦苦思索，并开始全面了解和梳理问题的症结所在。

她认为首要原因是时代巨变所致——小农耕作、自给自足的传统农业生产方式正在被抛弃，取而代之的则是农业的化学化、商品化。20 世纪 80 年代，张志敏得知很多国家对食品中的农药残留颁布了含量标准，敏锐的她感到震惊、不解和担心。震惊的是食物成为商品并且可能有毒；不解的是颁布农残含量标准实际等于从法律角度允许食物有毒，在控制方法上不是止于源头而是查于末端，其实于事无补；担心的是我们国家也将步其后尘，而且不仅是食物，还有更大的危害，比如土壤、空气、水源、植物等，一切都会被污染、被破坏。

其次，科技迅猛发展，时代快速步入工业化、信息化。农药、化肥、除草剂、添加剂、配方饲料等大量生产出来，而随着电视的普及，相应的广告传播到世界的每一个角落，使化学农业深入人心，彻底改变农民的种养理念。这一循环式的特点似乎更为致命。在 20 世纪 90 年代初，与生命健康相关的五个行业，即种植业、养殖业、食品加工业、饮料业和餐饮业发生巨变，随之而来的是生态环境污染问题、食品安全问题和健康问题。此外，商品广告业的迅猛发展和商品流通领域的超市化，对这五个行业的巨变产生巨大催化和推动作用的同时，也将人们的生活带入商战。

随之而来的问题还有，因为使用农药化肥，农产品产量提高，产生了销售问题。于是各地兴建农产品批发市场，形成了产地批发市场—大型批发市场—分销商—超市等多环节组成的农产品流通长链，生产农产品的目的也从生产食物蜕变为生产商品。

时代的发展从不以个人意志为转移，况且个人也几乎没有能力避免时代的裹挟。但那一条路就真的走得通，可持续吗？张志敏对此的思考是难能可贵的，正是这样的先驱精神和“另类”方式燃起了希望的火苗。

2. 探索：带头去做“新农民”

凡事总有契机。真正促使张志敏做出巨大转变去践行生态农业的契机，实际缘于她个人的身体状况。20世纪90年代中期，她回国工作后，发现身体经常出现不适，刚吃进的东西就想吐掉，头疼难忍，整夜无法入睡。经过两三年的观察感受，张志敏发现问题出在食物上。当时中国已经进入化学农业时代，大量化肥、农药、除草剂投入使用，而一些杀虫剂正是通过破坏昆虫神经达到杀虫的目的，80年代西方国家已注意到农产品农药残留有害健康，农产品的污染不言而喻，张志敏觉得这和她彻夜头疼有着直接关联。

然而，在此时代背景下，选择污染较少的食物，只能寄希望于农民或者厂商少用或不用化学药品。但这如何可能？ 90年代后期，张志敏出资委托农民在河北省租100亩地，租期十年。但她发现农民离开农药化肥不会种地了，于是请专家教，但专家只会教如何使用农药和生长调节剂。她只得向“种了自个儿吃”的农民“乞食”。在这个过程中，张志敏发现农民完全变了。

按理说，农民的天职是养育民族，要养育民族必先养育自己，愿意养育自己并有能力养育自己。连自己都养育不了的人如何能够养育民族？经过化学农业理念熏染的农民过度依赖化学投入品，导致基本耕种知识和能力退化，而中国作为农耕古国如今似乎已成农业弱国，那么四千年农耕文明岂不面临流失的危险？要想走上生态农业之路，农民就需要培训。但是，在哪儿学？怎么学？向谁学？学什么？为什么学？

20世纪90年代，“三农”问题成为“中国之痛”，同时伴随着生态环境问题和食品安全问题。城里人只能等着在农村出生的公民们承担责任吗？城里人只能顾着休闲娱乐吗？这代人不该对这一切负责吗？除出生在农村的公民外，是否还有其他人可能成为农民？农民是什么？是“农村出生的公民”的简称吗？新时代需要“新农民”，那么谁来做“新农民”？怎样成为“新农民”？

这一连串的思考让张志敏意识到：食物安全不能依赖别人，要靠自己努力，对自己负责。而新农民就是懂得与自然合作、愿意承担并有能力承担养育自己、养育民族责任的人。既然觉悟了，自己为什么不可以带头去做一个“新农民”呢？

说干就干！ 2001 年初，张志敏放弃城市金领生活，在北京房山良乡江村租地 150 亩，要走出一条新农民之路。

3. 实践：兴建天福园的坎坷路

农耕之路很难走，自古稼穑艰难。在唐代，农耕就被定义为“辛苦”二字；在近现代，务农仍是风险最大、效益最低、

◎天福园有机农业理念展示牌

最繁重的事。她一个柔弱的女人如何能走农耕之路？又是如何义无反顾地走到今天的呢？

天福园创建之初，根本得不到任何人的理解。她的行为在有的人眼里是帮农民创收，在农村人眼里是城里人古怪的休闲娱乐，在城市人眼里是非疯即狂的愚蠢自虐。在城市生在城市长的张志敏，除了学生时代参加过学校组织的到人民公社学农外，可以说没有任何务农经验。但是，她坚信大自然能教会古人农耕也一定能教会她。

天福园建在因现代化学农业而略呈荒漠化的平原上。为了生产自己所需的各种食物，她在天福园中种植了樱桃、杏、蟠桃等十余种果树，在果树林中轮作多种谷物、蔬菜，还种植了一些药用植物、具有空气滤毒作用的植物。她用了两年时间，完成了农庄的基础建设。

2003 年，“非典”暴发，全城停工，张志敏得以有时间住在农庄。在农庄里，张志敏感觉不再是暂时的过客，而是置身于大自然的合作者和管理者，可以感受大自然每时每刻的变化。随着大地万物的变化而劳作，她感到耕种是人类最初始最本真最持久的快乐。白天耕农田，做各种农活；晚上耕心田，灯下读书写作。在耕种过程中，张志敏领悟到土地本身具有自然生长力和生态系统功能，人需要做的只是加以妥当管理。但是，上千年以来，人类从轻农、厌农到恶农，人的心离自然越来越远，还患上了“化肥农药依赖症”。化肥农药不仅污染土地和环境，也污染人的身体和心灵。管理生命是人生最重要的事，必须自己做，不能委托别人做。于是，她关闭手机，放弃一切，全身心地投入“生命的管理”。

为了建设农庄，她花光了自己所有的积蓄。2004 年，张志敏陷入了极其困难的境遇。那时，地里还没有足够的产出，没有收入，她必须支付租地的租金、电费和农民的工资。2005 年，她不得不外出打工挣钱给工人发工资。因为务农，她被邻居和同事视为“疯子”躲着走。过去家人一直以她为骄傲，她选择务农后却不敢告诉家人。最后终于瞒不住了，她的妹妹对她说：“每次来看你一眼，回去我都难受半个月。”每提及此事，她的眼里都泛起泪光：“我亏欠我的家人。”有一次，母亲对张志敏的儿子抱怨说：“你妈妈那么一个有才华能干的人，却遭这份罪。”谁知她儿子却说：“姥姥，您别担心，也别难受，我妈妈干的才是大事呢。”儿子的理解，让张志敏感到莫大的欣慰。

一年又一年，张志敏还是坚持了下来。她与大自然合作建设农庄，让大自然唱主旋律，天福园土地上的植物、昆虫、微生物等物种在恢复。农庄初步成长为自养的生态系统，物种丰富起来。农庄里的果树已长大结果，她把果子分送给亲朋好友，亲朋好友赞不绝口。

在实践过程中，张志敏将“尊重自然，与自然合作，自律地生活”作为宗旨，形成天福园有机农业理念：健康的土壤，健康的饲料，健康的食物，健康的生命。她说：“土壤是人类的衣食之源、生存之本，只要人类妥当地耕作，土壤必会持续并恰如其分地滋养人类。”

2008 年以来，随着食品安全问题的频发，公众越来越关心食物的问题，对生态农产品的需求也越来越多。这倒逼着化学农业的生产方式和商品农业的流通方式做出一些改变。另外一个契机，是国际 CSA（社区支持农业）理念的引进和流行，越来越多的有志之士汇入到生态农业的大道上来，比如一批乡村建设志愿者创办的北京小毛驴市民农园。张志敏超前的生态农业理想在此时代背景下显得弥足珍贵，她又非常欣慰地看到各地生态农业人才的迅速成长，各种生态农园或有机农庄如雨后春笋一般冒了出来，生态农业、有机生活的理念得到越来越多人的支持。

张志敏在这条路上一走就是近二十年，既充满艰辛，又孜孜不倦，一步一步地走，一步一步地成长。

4. 理念：天福园是乐园，农庄是一个生命体

自 2001 年初天福园成立以来，多种种植、多种养殖相结合，整个园区成为一个各种营养物质循环自养的生态系统。经过多年养护，天福园的生态恢复良好，自然物种繁多，堪作北京近郊地区农业标本园。作为农庄庄主，张志敏也形成了自己的一整套农业种养和经营管理理念。

首先，张志敏将天福园定义为一个理想的自然所在：天福园是一个生命体，天福园是百花园、百草园、百果园，天福园是乐园。古人修建长城是为抵御外敌，而张志敏将农庄围筑大墙是为了尽量避免化学农业的污染。她认为大自然里什么都有，农庄就要像大自然，如此自然不愁生物多样性的缺失。种植方面：多种果树，林间轮作多种蔬菜、粮谷、其他植物。养殖方面：多养家禽、家畜。此外，农庄还包括两个特殊区域，一是涵养区，包括“客厅”和池塘；一是堆肥区，被喻为“大地厨

房”。

经过大量摸索和实践，张志敏的天福园农庄具有了成熟的农耕技法，概要如下：严禁化学杀虫剂、杀菌剂、除草剂、化学肥料、激素、抗生素。肥料自制，不外购；轮作、间作、合理配伍。允许杂草丛生，万物充满生机，营养自然调节；农事尊天地农时；保持生物多样性，生态系统功能正常。

张志敏具有很强的使命感，这使她自觉区别于一般耕者。她认为，地主是土地的拥有者，靠出租土地为生，土地是地主的财富和财富来源。而农庄主是劳动者，建设并管理农庄，农庄是一个生命体，农庄主是这个生命体的灵魂。农庄主建设并管理一个生命体，一定是心怀大爱，肩负责任。农业是人与自然合作的艺术，是人类最严肃、最高超的艺术，农庄主不可不研习。

2008年，张志敏创立了天福园有机农业俱乐部，宗旨是尊重自然，与自然合作，自律地生活。一方水土养一方人，一方人养一方水土。俱乐部具体理念和做法包括：天福园有机农业俱乐部是一个生活团体，只接受相同理念的人作为会员组成大家庭；会员不是消费者，不是顾客，是参与者，是家人；农庄每周发供货单给会员，告知当地当季所产；会员每周发订单给农庄，通过自己发订单的行为树立和强化责任意识；吃的行为关系到生命，是生活最基本行为；我参与，我分享。

在张志敏的努力之下，天福园从贫瘠板结的一块耕地转变为土壤肥沃、物产丰茂的乐园。天福园的生产模式被称为“中国式活力农耕”，天福园俱乐部代表的就是生活态度和生活模式。

（二）不只是农业，还是艺术与哲学

耕农田，可以耕出生态和艺术；耕心田，可以耕出哲学与智慧。

作为当代中国生态农业的先驱者之一，张志敏在传统农耕的基础上提出了一系列极富创见的命题。这些命题来源于耕作实践，是土地上长出来的智慧。

1. 有机农业是人与自然合作的艺术

走进天福园，首先映入眼帘的是这样一块“招牌”，上面写着：“这里不是度假村，这里是有机农庄；这里不是人造生态观光园，这里是自养的生态系统。”

再接着往里走，会看见一行行果树枝叶繁茂，经过一夏充足的光照和雨水滋养，树行间的杂草也同样茂密。在田间，除了绿油油的蔬菜，还生长着很多其他植物。天福园中不算树木，仅野生草类就有上百种。在保证作物正常生长的情况下，张志敏总是喜欢保留一些野花野草。不仅仅是因为喜爱，她还认为，是否允许农场上有杂草，反映着一个人的世界观。现代农业希望农场“干干净净”，不惜一切代价除掉野生植物，不仅污染了环境和食物，也使人们无法获得野生植物能够反映的有关环境的指示信息。

鸡鸭鹅是禽类，翅膀象征着自由。天福园的家禽享有自由，果林草地是家禽自由觅食的乐园。天福园的每一头牛都有自己的名字，张志敏呼唤它们如同呼唤小儿女的乳名，满是慈爱。因为要尊重奶牛的生命规律，张志敏会让奶牛轮流产奶，绝对不去追求高产量。因为奶牛各自身体状况的不同，产奶也时多时少，所以会员们得到的牛奶也会时多时少，但是会员朋友都要学会接受这种自然界本身带来的变化。天福园的牛吃的草大部分是农庄里的野草，牛粪又作为肥料归还到土地中。

十几年的乡间农耕生活，让张志敏收获了很多有关自然和农业的感悟。她最常说的一句话就是“与自然合作”。苍耳作为一种常见的菊科草本植物，在夏初开始出苗，枝叶嫩绿，如果初夏割掉喂牛，枝叶可以全部被牛吃掉。等到夏末秋初，苍耳结刺枝老叶黄，不仅收割困难，而且只有叶子能被牛吃掉。这样，一方面草木之精华未能全部被利用，另一方面还需要人费时费力去清理牛圈里的枯枝剩叶，事倍功半。这只是张志敏十几年务农实践总结出的经验之一，其中不仅包含不违农时的古训，也揭示着人与自然精诚合作的农法。

经营一个生态农庄，什么时候割草，什么时候放牧，时间管理非常重要。而农庄里井井有条的安排，正体现着农人观察自然、顺应自然的智慧。这和草长灭草，虫飞杀虫简单粗暴的管理方式截然不同。张志敏认为农业就是管理生命，以生命滋养生命。管理生命，不只是管理人类需要的生命——果实、蔬菜、禽畜，而是管理农庄里的每一个生命。植物是生命，除了决定何时收割，物尽其用，这种对生命的管理更包括管理野草，管理昆虫，把它们看作是果蔬生长环境中不可缺少的部分；以生命滋养生命，植物与植物之间、植物与人之间有千丝万缕的生命关联；以生命滋养生命，土地是生命，土地健康才能滋养万物，才能生产出健康的食物；以生命滋养生命，食物是生命，食物健康才能滋养健康的人类。

张志敏说，昆虫是大自然派来的信使，它们的频繁活动是在告诉我们需要修正耕种中的错误。在天福园中有很多昆虫，虫口众多，却很少为害。天福园的菜园几乎被灌木丛包围，在这种看似“荒野”的状态下，昆虫更多地停留在少有人为干预的野花野草丛中，而蔬菜可以幸免于难。由此，野草滋养了昆虫的生命。在天福园有很多鸟，鸟吃果实，鸟更多吃虫。在天福园农庄的生态体系中，没有益虫与害虫，更不需要杀虫。这种与野草、昆虫合作，顺应生命的种养实践，不仅是对所谓现代化学农业“见虫杀虫”模式的修正，更是一种农业自然生态哲学的体现。

在生态农耕的实践中，张志敏提出了自己的命题：有机农业是人类与自然合作的艺术。在有机农业中，人要与土壤合作，爱护和管理土壤；人要与光合作，利用光；人要与水合作，降雨的充分利用与人工浇灌的管理；人要与时间合作，不违农时，谷不可胜食；人要与月亮合作，农历又称月历；人要与气候合作，风、雨、霜、雪、气温等；人要与植物合作，多种种植，轮作与配伍，种子的采集与选择；人要与昆虫合作，物候的利用；人要与动物合作，多种养殖，充分利用饲草与禽畜粪尿；人要与生物合作，各种生物物质的充分利用等。对合作方的了解越多，合作就越成功。

2. 全方位的生物多样性是农场可持续的基础

2011年10月6日，来北京参加第三届全国CSA经验交流会的日本土肥专家池田秀夫先生、山东银香伟业集团的一行人到天福园考察土壤及堆肥工作。他们首先看了牛舍附近的堆肥和堆肥区内的牛粪肥，在去菜园的途中，池田先生拣了一根树枝。到菜园后，他弯下腰将树枝插进土里又拔出来，脸上露出了笑容。

对于一位七十多岁的老人来说，把树枝插进土里又拔出来是一件非常有趣的游戏吗？可是池田先生并没有继续玩下去。他问是不是可以在地里挖一个50厘米深的坑。“没问题，我来挖。”张志敏边说边拿了一把铁锹开始挖坑。看她毫不费力地将铁锹几乎全部踩进了土里，池田先生说土质一定很松软，自己也想试一试。接着，在场的每个人都感受了一下挖土的感觉。一个50厘米深的坑很快挖好了，只见池田先生蹲下身，看看坑壁，坑壁四周有不少蚯蚓洞，还有一条被铲断的蚯蚓。池田先生用手取了一些土壤，放在手里看了看，很松软；又从坑底取了一些土，坑底的土质发黏，可以搓成条状，这是本地原有的黏性土壤。坑底土壤的颜色与坑壁土壤的颜色略有不同，坑底也有一些蚯蚓洞；池田先生用树枝量了一下土壤的深度，沃土层达40厘米。检测完土壤之后，池田先生又挖了一些草和一些菜苗，观察它们的根。池田先生说道，杂草和菜苗的根和根须分布均匀，说明土壤结构很好；根和根须都是白色的，说明土壤健康，植物的根健康。他对天福园的土壤给予了很高的评价。

事实上，11年前，天福园四周就垒起围墙并种植乔木，以尽可能避免外界常规化学农业的污染，园区内种植多种有空气滤毒作用的植物以净化空气。从那时起，天福园开始探索与自然合作的农耕方式。今天，在植物生长季节的任何一个时期、在任何一块草地停下脚步，在一平方米范围内可以找到 10 种左右的野生植物，植物下面的土壤上有很多蚯蚓粪。

作为一个生物多样性农庄，张志敏一开始就尝试去建立一个自养的生态系统，她认为作物、土壤、微生物，全方位的生物多样性是农场可持续的基础。这些理念已经被不断涌现的关于生物多样性的科学研究所证实。

天福园农庄构建的生物多样性系统培育了健康、具有生命力的土壤，也从根本上保证了农庄的可持续性。仅仅以土壤里大量存在的蚯蚓为例，它们以枯枝败叶等有机物为食，而排泄的蚯蚓粪有机质含量极高。这种有机质颗粒细小，更容易被蔬菜吸收利用，同时也极大地提高了土壤的透气性、保水性和保肥性。除了有机质，蚯蚓粪中包含数以亿计的微生物有益菌，还可以有效对抗土壤下层的病原体和其他繁殖迅速的物种迁移到土壤上层侵害作物本身。由此，天福园生物多样性丰富的土壤，不仅能使作物在生长过程中最大化地利用各种营养元素，还能抵抗外界因气候变化可能带来的连续降雨或干旱的风险，这无疑是以大规模单一作物种植为主要特征的现代农业所无法比拟的。

生物多样性构建的是一个稳定的环境，它对威胁该环境的外部因素可以做出自然防御。这些威胁因素可能是病虫害，可能是污染，还可能是越来越迫在眉睫的气候变化。天福园作为一个生物多样性农庄，在对抗病虫害方面有巨大优势。这是因为生长于这一环境里的各种植物，包括作物和不同的野花、野草、灌木，相互配合，一种植物为应对病虫害而分泌的物质可以成为保护其他植物的屏障，所以大规模病虫害几乎不可能在这里全面暴发。

此外，生物多样性所提供的稳定环境同样也能带来更稳定的农业产出。由于不同植物有不同的根系和茎叶系统，这意味着它们吸收土壤里的营养物质、水，以及利用太阳光的功能都不尽相同。在天福园这个生态系统里，不同作物精密配合，可以最大化地利用不同营养及光热水条件，从而保证其作物产出稳定。

3. 传统活动里的自然节律

中国是一个农耕古国，很多节庆习俗是和农事活动紧密联系在一起的。张志敏在耕作之余，发掘出这些传统智慧并记录下来。而这也正是我们农耕文化的宝贵资源。

张志敏在给会员的一封信中写道：

“有一个很古老的习俗。那时候，在除夕之夜，人们点上火把到果树林中去‘照树’。在那错落有致的田园之上，星星点点的火把点缀着除夕之夜。火把顺着树枝的延展移动，火光在树影婆娑中跳着、舞着，与天空中闪烁的星光遥相呼应，火把燃烧出的芳香弥漫缭绕，田园之夜显得那样神秘。看到火光，人们忘却了严寒；看到火光，人们记起了希望。寒冷的除夕之夜变成了充满神秘的幻境。”

“那时候，人们感觉得到自然的生命节律，人们感觉得到天空中的星辰与地上的生命的关系；那时候，人们感觉得到植物有灵性，与可行走的生命有关系。在最寒冷的冬夜用燃烧的火把照树，这是人与自然的一次亲密接触，这是人对自然的一次深情关怀与眷顾。照树的奥妙还在于可以起到为植物防虫防病的作用。”

“还有一个很古老的习俗。在大年初一，人们拿上棍棒到果树林中去‘打树’。一棵树一棵树地敲打，这是人与每一棵树的对话；一棵树一棵树地敲打，像是要唤醒沉睡的果树做好准备迎接春天。我一棵树，你一棵树，他一棵树，大家一起敲敲打打，噼噼啪啪响成一片，其乐融融，别有一番热闹情趣。”

“打一打树枝，干枯坏死的树枝被击落；打一打树枝，挂在枝头的干瘪残果和残叶掉落下来；敲一敲树干，老翘树皮剥落下来；敲敲打打一番后，寄居在干瘪残果和残叶中的昆虫及隐藏在老翘树皮下的昆虫都随着掉下来或暴露出来。打树原来也是一种为果树防虫防病的方法，打树堪称原始果树修剪法。人们优哉游哉地走动着，不必着忙，人们舒展着手臂，

◎天福园的田间小路

轻松挥动手中的棍棒，在为果树保健的同时人们也获得身、心、灵的疗养。”

“还有一个很古老的习俗。那时候，节日都与自然节律有关，农业按照自然节律进行，节日都与农业有关。春节总是在一年中最寒冷的时节‘大寒’后与‘立春’前后来到。‘大寒’是二十四节气的末节，‘立春’是二十四节气的头节。这是一个轮回交替的时节。大年除夕和初一是植物、昆虫体内水分最少的时候，是植物、昆虫休眠最沉的时候，人们在这个时候‘照树’‘打树’，犹如给植物做了一次大扫除，除旧迎新。有时，春节正好赶在‘立春’前后到来，大年初一打树，因此，‘立春’又被说成‘打春’。”

张志敏总是通过这样的故事让传统节庆活动一下子“活”起来，原来，这些活动都和农事有关，即使是现在也并不过时。

4.“农田里的汉字”蕴含大智慧

张志敏从小学习语言，对语言有很大的兴趣，觉得汉字是一种启示性文字。在耕作之时，人在田园，身心放松，心旷神怡，张志敏一边享受农事劳动，一边独自静静地玩味，做一些“志敏解字”的游戏。时间久了，张志敏从“农田里的汉字”中发现了大智慧。

比如“壤”字。“壤”字由提土旁、一个“衣”字、两个“口”字、一个“井”字和一横组成。提土旁：壤的归类。东汉郑玄解释土壤二字：“壤亦土也。以万物自生焉，则言土；以人所耕而树艺焉，则言壤。”《辞海》解释：壤是经耕作的土地。“壤”字中的“衣”字是由上下两部分组成的，不仅使整个字看起来更匀称，而且意思也表达得更准确，土壤中并不能直接生长出衣服来，壤提供不同的制衣原料。暗藏的“衣”字还可以引申出其他生活必需品。两个“口”：一个指人类的口，另一个指其他生物动物的口。壤给人类和其他生物动物提供食粮，人类耕作土地离不开其他生物动物的参与；人类与其他生物动物共生存。“井”：源泉。壤是衣食之源；“井”字还使人联想到水，壤不能没有水。横线：这条横线形象地勾画出壤的特征，壤只是薄薄的土层；这一横在“井”字之下，表明壤是有保水功能的薄薄的土层，水土流失，就不再是壤；井下一横，意味着壤不是取之不尽、用之不竭的衣食之源，需要人不断地、妥当地耕作。土壤是人类的衣食之源、生存之本，只要人类不断妥当地耕作，土壤必会持续并恰如其分地滋养人类。有机农业就是一种妥当的耕作方式，不仅一方水土养一方人，而且一方人养一方水土。

再比如“福”字。“福”字由4部分组成：“示”字旁、“一”“口”和“田”。“示字旁”本身就明确表示“福”这个字具有启示性。“一”：每一个，幸福关系到每个人；“口”：每个人都有“口”，都要吃。幸福与吃有关。与“口”直接相关的单个汉字是“米”，但“福”字并没有用“米”字。如果用“米”字，不仅整个字看起来不协调，而且意义也完全不同。人只有一口米是不够的，谈不上幸福。“福”字中妙用了一个“田”字。田里不仅可以生产很多米，还可以生产其他吃食。田是具有生命力的土壤，是有可持续、再生产作用的土壤，需要人不断地、妥当地耕种管理。汉字中用“田”组成的字多数充满生机，例如：果、男、胃、奋、略等；而用“米”组成的字除了粮、糜、糕等表示类别归属外，很多往往是不可吃的东西，例如：糟、粕、糠、屎等。“福”字告诉我们：每个人都有一块田可持续地用来耕种管理并供给吃食；“福”字给人这样的启示：吃是天赋人权，劳动是天赋人权，不劳而获不是福。人的劳动权利和吃的权利都有保障就是福。可以说，人的劳动权和人的吃权也就是人的“福权”。“福”字还告诉我们，人应该吃田里生长的东西。如果农田被破坏，幸福便会随之消失；如果食物被污染，人的“福权”便受到践踏。

再如“食”字。“食”字由“人”“良”组成，也就是说食物是对人有好处的东西。市场上商品琳琅满目，看似想吃什么有什么，但在掏钱买之前应该冷静地判断自己到底要买什么，如果你想要买的是食物，应该确定要买的东西是不是食物。什么是食物？吃了对人有好处的东西。加工食品是加入人工制作食品；食品加工是在食品中加入工业品而制造商品。如果你用你的劳动所得支付食物时，所能获得的食物中含有不可吃的东西，甚至是对人有不良影响的东西，诸如农药残留、抗生素残留、过量重金属、防腐剂、保鲜剂、抗氧化剂、化学合成香精、色素、增稠剂、膨松剂、激素等，这是一种不公平的交易；当你用你的劳动所得支付食物时，所能获得的食物中含有各种各样的毒，你付钱买食物却被迫吃毒，这不是交易，是谋财害命。

又比如“胃”字。“胃”字由“田”和“月”组成。月又称“肉月”。“胃”意为“肉身上的田”。肉身上的田与土地上的田有异曲同工之妙。胃是肉身上的田，它的主要功能是吸纳、消化和供给营养；土地上的田是土地的胃，也是吸纳、消化和供给营养。《黄帝内经》中说胃主血。血液中的元素来源于食物，而食物来源于田地。俗话说：人是铁，饭是钢。要想身体好，需要养胃。食物要健康，需要养田。

上述这几个汉字说明，人的生存、幸福、健康都与农田、土壤息息相关。这几个汉字又与天福园的有机农业理念相通，特别是“壤”字和“福”字。因此，张志敏把“壤”和“福”分别写在两块自己浇筑的水泥牌上，立于农庄的路口。

行而有知，知行并用。张志敏践行生态农业的同时，提出了系统的生态农业种养理念，经营管理上达到了妥当和谐的目的。天福园只是张志敏一方田园梦的实现，她并未就此止步，而是就现代农业、农民和农田的相关问题做了大量反思。作为一个新时代的新农民，张志敏还从传统文化中萃取精华，提炼为自己的人生智慧。

（三）生态农业赢得人心

张志敏创立天福园的初衷，的确是为自己吃一口健康的食物。但是后来，她目睹了食品和生态安全危机问题，就有了使命感，用自己的行动去做出改变，把健康的食材分享给认同有机理念的市民朋友们。同时，她还主办系列亲子农耕课程，把土地上的欢乐带给孩子们，寓教于乐。她的行动力感染并影响了很多会员朋友以及年轻人。

1. 会员不是消费者，而是参与者，是家人

2008年左右，有人主动找到张志敏，希望她能够把农庄的产出提供给更多的城里人时，她欣然答应了。尽管她坚持认为，农业是一种生活，是每个人都需要过的生活，但她还是承担起了许多别人的生活。然而，农庄的产出是有限的，能养育的人也是有限的，她觉得应当与懂得管理生命的人分享生命和生活，优先考虑供应有孕妇及婴幼儿的家庭，自己开车亲自上门配送。年近五十的她驾车于闹市，给那些有意关爱生命的家庭送去一周所需的食物。每一个送货日，早出晚归，行程三百多公里，像圣诞老人快乐而不知劳累地把“天福”送到各家。

虽然快递业迅猛发展，但她并没有委托第三方送货，她变送货上门为邀请人们走出家门，或到农庄参与劳作，或到北京有机农夫市集赶集。为了让人们有更多的机会回归自然，她在农庄开展农耕食育活动，使人在农庄里眼能看、耳能听、嘴能尝、鼻能闻、手能摸，在劳作的同时身心灵都得到滋养。为了把人从农耕“辛苦”“繁重”的心态中解放出来，在孩子们的心中播种劳动光荣劳动快乐的种子，她把农事行为与民族舞蹈动作结合，让人在曼舞中快乐地学习耕种。吃是管理生命的行为，做饭是每个人的必修课。大家一起做饭，饭后一起洗碗，不用化学洗涤剂。通过大家一起劳动、做饭、吃饭，让人学会在日常生活中相互合作。在农庄农耕食育活动中，她让人体验“用爱心和真食为家人做饭是幸福的事，用虔诚和汗水与自然合作是美好的事”。

张志敏从来不把会员和集友称为消费者。她说，“叫你消费

者不就是在骂你吗？你到底在消费什么？消费资源？消费生态环境？”张志敏认为吃是管理生命的行为，人类的吃不仅管理自己的生命，还关系到自然生态的生命。每个吃过天福园出产的食物的人，都能感受到大自然的滋养。

2. 让孩子在土地上健康成长

天福园会定期承办一些亲子农耕课程，由张志敏亲自授课。

秋天是丰收的季节。张志敏首先带大家来到田里，告知今天的活动是收玉米。一片小玉米已经被砍到，张志敏示范，把小玉米从秸秆上掰下，收到手推车里，然后把秸秆放成一堆，再用叉子把田里的杂草拢在一起。爸爸妈妈们最初还有点拘谨或者摸不着头脑，孩子们已经欢快地忙开了。经过一段时间调整，合作已趋于流畅，妈妈掰玉米、宝宝捡玉米，有的爸爸推车，有的爸爸搂草。小男孩更愿意跟爸爸推车，小女孩对捡玉米更有兴趣。不一会儿，一块田处理完了，收了两小车玉米。把玉米运到晾晒场，秸秆运到牛棚。

这是一次秋收体验活动的场景，目的在于让孩子们接触农活儿，在土地上得到成长。

孩子们在田野里奔跑，地里满是低矮的玉米茬，有的家长担心孩子会摔倒。张志敏就说，要让孩子接触这些，在城市修缮平坦、铺满塑胶的场地上禁锢久了，人的本能就退化了。受此启发，有位妈妈很有意思地想到了“野生动物、动物园的动物和马戏团动物”三种：野生动物无疑是最有生命力的；动物园的动物养尊处优，已失去了很多本能；马戏团的动物则是人类才艺训练的结果，已失去了自我。

边干活边聊天中，张志敏和家长们谈到农业对于一个国家，对于国民，对于孩子的重要性。农业绝不仅仅是供养国民粮食，它是一个国家国民素质的根基。她引用国外一名儿童教育专家的观点说，接触自然、接触农业对于孩子是非常重要的，特别是七岁之前，会形成正确的自然观、农业观。家长们非常认同，认为农耕课程对于孩子来说是一种非同寻常的珍贵体验。

慢养育论坛以天福园有机农庄为基地，开展农耕课程之后，张志敏充满深情地给参加活动的父母写了一封信："……'一夫不耕，民有饥者；一女不织，民有寒者。'男耕女织不仅仅是社会分工，也是生态分工。在今天，这句话仍然意义深刻。男耕，不仅要有耕田的力气，还要懂得与人合作、与自然合作的艺术；男耕，不仅要有某种工作技能，还要具备健康的社会交往能力，还要懂得保护生态；男耕，一定是出于爱心，又有恒久的责任心；男是田力，男人在广阔的大地上耕田，男人的心胸应该是宽广的。'小伙儿心胸多宽广'是可爱的，是值得歌颂的；男是田力，男人应该是有力量、有担当的。"

"女织，女人不仅需要细心，还需要耐心，持之以恒；女织，需要有条理，不能'剪不断理还乱'，在浮躁的经济社会中完成自己的工作并用坚定的爱情相夫教子；女织，需要胸有成竹，在'食不厌精'的饱食时代用爱心烹调出家人的身心健康；女织，也一定是出于爱心，又有恒久的责任心。我们民族中流传的'嫁汉嫁汉穿衣吃饭'是非常狭隘、无知和不负责任的。"

3. 生态农业赢得人心

这些年来，张志敏从不为农庄做宣传，但她用实际言行打动了很多人。

2010 年 1 月，受北京小毛驴市民农园团队严晓辉、石嫣之邀，她成为市民农业 CSA 农场联盟的发起人之一，之后担任联盟组长，为 2011 年北京有机农夫市集和 2017 年社会生态农业联盟（CSA）的正式成立作出了基础性的贡献，并成为很多 CSA 农场的精神榜样，鼓舞年轻的新农人开拓进取。

一些会员朋友实地探访农庄之后，在驱车回城的路上深有感触地谈道："张志敏老师对回归自然精神境界的追求让人极为钦佩。如果说农业是人与自然合作的艺术，那么天福园就是张老师这位农业艺术家最美丽的作品。"

还有一位会员朋友谈到令人感动的细节：有一回志敏姐来电，家里的小朋友正哇哇地哭，也冲过去接了电话，对着话筒大哭。这位会员朋友颇不好意思，张志敏却在电话那头儿说，"让我听孩子讲完，她讲完就舒服了，没事的。"要知道当时张志敏正在满京城送菜，原本一定很忙碌，却肯如此耐心看重一个小孩子的情绪。可以想见，十年来她对待土地的温柔和耐心。

这位会员说自己订过四家有机农庄的菜，只有张志敏大姐用的是可回收的纸袋或布袋，只有张志敏大姐连大棚菜都不种，只种当地当季菜。"志敏姐家的面粉好像是机磨的，即便如此，仍有浓香，是我用过的面粉里最有自然清香的。有几次，我同时用她的和别处买的面粉分别做馒头和包子，家里大人小孩基本上闻一闻都能比较出来。""真正把自然农法当作信念来实践，

◎天福园苹果

要付出的很多很多。归隐田园，在这个时代，不是随便想想那么简单。我非常敬佩这位女性。”

有几个会员到天福园，终于能有足够多的时间了解农庄、了解张志敏、了解张志敏为会员送货中的一些详情，之后便做了农庄志愿者，每周帮着出市集。他们说：“这些事情让我们来做，省出时间您多写一些文章。”更有年逾古稀的赫赫姥姥到农庄与张志敏并肩劳动，剪枝、割草、收麦，还承担起农庄奶瓶的清洁工作。

导演商明为张志敏的事迹深深感动，投入大量人力物力拍摄了以天福园为主线的纪录片《食为天》。他说自己在拍摄的过程中也收获了知识，汲取了精神力量。

（四）结语

张志敏正是以自己对生态农业的执着，对大自然的热爱，对人的真情，赢得了众多人发自内心的尊敬和爱戴。

天福园已经走过十几载春秋，张志敏也已双鬓泛白，然而拥有旺盛生命力的她与生命力旺盛的天福园互相滋养，早已成就生生不息的力量，影响了无数后辈有机农人。诚如有论者指出：在教育农民、践行有机农业生产之道方面，在教育市民、践行有机农业消费之道方面，在向全社会传播有机农业理念方面，重要的不是强调用什么样的方法短期见效，而是把它当作最重要的事业锲而不舍地去努力。天福园一方面通过所取得的成绩扩大影响力，一方面坚持教育农民、教育市民，传播有机思想。长期坚持下来，播下的种子自会慢慢生根发芽、开花结果。

我们由此相信，这种滋养的循环和力量的传递，正是我国生态农业发展的希望所在，也是生态文明建设的重要助力。

崔国辉整理　天津师范大学文学院研究生

四

寻找食物本真味——最有人情味的市集

北京有机农夫市集

每周二、周五、周六、周日，在北京的三里屯、三元桥、上地、紫竹桥或亮马桥的某个地方，都会有一场“有机农夫市集”举行。在外人看来，这里就像一个普通的菜市场。红薯、白菜、胡萝卜、玉米，或者香油、粉条、草莓、鸡蛋，带着泥土，没有特别的包装。

与普通菜市场不同，这里出售的蔬菜、水果或粮食，都是卖菜的人亲手种的。自己种的菜，自己来卖，没有中间商赚差价。市集上没有喧闹，碰见来惠顾的买主，卖菜人会慢悠悠地

◎消费者和生产者面对面

介绍自己的菜。如果是水果，比如草莓，卖菜人还会挑一个请买主品尝。不用洗，放心吃，你吃一个，卖菜人自己也吃一个，吃完不买也没关系。

买菜人也是慢悠悠的，东看看西看看，并不像菜市场里那样，快买快走。他们愿意和卖菜人聊聊，聊聊地里的野菜能怎么吃，聊聊母鸡最近为什么蛋下得少了，聊聊这个季节该种什么菜了。一对年轻人上午刚刚领了结婚证，中午就一起来市集买菜。在他们看来，开始新生活的第一件事，就是一起去菜市场。

如果恰好赶在春节来临之前，你会看到市集洋溢着喜气洋洋的过节气氛。除了能买到北京生态小农平时售卖的新鲜食材之外，还有来自全国多处生态农场的年货可供选择，如四川火锅调料礼包、贵州灰粽和辣子鸡、合肥熏鸭、广州松针酒、上海年糕、陕西手作小米醋等，现场还增添包饺子、写对联、编柳筐、做风车等活动，节庆氛围浓重。

那么，这个既普通又不普通的“菜市场”是怎么来的呢？特色在什么地方？运营机制是怎样的？它的存在给如今的食品安全问题带来哪些改变？

（一）北京有机农夫市集的发展历程

农业工业化和过度商业化，导致近年来食品安全问题频繁爆发。为了“餐桌自救”，推动城乡互助，一些大城市周边的小型有机农场主动联合起来，最初是在农场里结合节庆活动，邀请周边农场主一起来摆摊，和购买者面对面进行交流，双方都能获得愉快的体验。以此为雏形，后来出现专门的市集组织者，市集摊位也从农场转移到了城市，次数也从每年两到三次发展为每周多次。北京有机农夫市集就是按照这样的方式，逐渐发展为一个成熟的组织。

1. 时代背景

近年来，农产品生产过程中滥用农药、化肥，让消费者对大众市场的农业食品安全失去信心。禽类养殖密度大不说，大量使用抗生素以及乱排污水也让曾经的“田园净土”遭受各类污染的侵害。城市消费者渴望寻找到安全、健康的食物，而一部分生产健康食物的小农户却无法同垄断市场的大型企业相抗衡，以个体的力量很难打开销路。诸如此类的问题引起了广泛关注。

然而，市场和政府在其中的表现并不能令人满意。一方面，大规模生产的市场中食品产业链过长，一些生产者为了获利不择手段，而消费者则不了解、更不信任生产者，纯粹的市场机制使问题进一步恶化；另一方面，政府部门的监管则捉襟见肘，力不从心。政府只打击违法的生产者，却无法制造有良心的生产者，不能从根本上杜绝食品安全问题，甚至食品行业监管中的腐败滋生，更是让消费者对政府的信心逐渐削弱。

此时，城市中一部分具有责任感的生产者和消费者意识到，如果难以依靠大的市场环境和政策改变生存环境，那他们必须自己行动起来，而不是坐在那里等待别人给予自己一个更好的未来。于是他们依靠合作的力量实现自救，并对社会问题的解决做出努力。北京有机农夫市集就在这样的背景下诞生了。

2. 自发组织

2009 年，北京只有为数不多的几家农场坚持做有机农业，其中做得比较好的小毛驴市民农园吸引了消费者到农场体验生活，在城市中逐渐建立了消费者网络。2010 年 1 月，小毛驴市民农园联合天福园、德润屋、国仁绿色联盟等八家农场（平台），形成了一个松散的市民农业 CSA（Community Supported Agriculture，社区支持农业）联盟，在农场之间促进交流。2010 年 9 月，在小毛驴租地种菜的日本女孩植村绘美发起了第一期北京有机农夫市集，让从事有机农业的中小农户能够和消费者直接沟通、交流，吸引了其他外国艺术家、人类学家，加入对食物和社会、城市与农村的关系等问题的讨论。

很有意思的是，市集最初被视为一种行为艺术。小毛驴市民农园的负责人石嫣，帮助组织了天福园、德润屋、圣林生态农庄等几家农场参加，并协调一些消费者参与讨论会。北京有机农夫市集的现负责人常天乐，在 2010 年年底作为志愿者，加入了北京有机农夫市集的组织工作。常天乐与后来加入的中国志愿者们借助微博平台，发布市集活动信息，组织农场拜访，聚集了一大批热心的消费者，这些消费者有些成了早期市集的志愿者。

随着越来越多的生产者和消费者的加入，市集活动也日趋常规化，包括市集活动、农场拜访、分享会、自然体验等。最初由志愿者兼任工作人员，现在有了全职工作人员；维持市集的日常经费来源也变得更为稳定，最初入不敷出，如今财务状况基本可以支持市集未来的发展，包括社区店的销售收入，依据农户规模大小及其需要被扶持的力度向农户收取不同额度的赶集金，以及一些场地提供者因市集为其带来的显性（如客流）和隐性（如品牌、美誉度、好感）效益而为其支付的一定费用。

3. 现今状况

从 2010 年 9 月至今，市集最初在艺术空间、农场组织小规模活动，现在主要在交通便利、周边社区聚集的中高档商场里举办，如三元桥的凤凰商街、上地五彩城、三里屯那里花园等都成为比较稳定的市集举办场所。

市集最开始以一月一次的频率进行，现在已经能做到一周举行 3~5 次。周末两天市集都会在城市的不同地区开集，周中则会在商业区或办公区推出主题稍有不同的市集，类似于市集的“副牌”。比如，每周二中午在三里屯那里花园举办“农夫市集和好朋友”，根据这个休闲娱乐区域和商业区域的人流特点，相对减少了生鲜产品的数量，售卖更多即食食品和其他产品，如天然化妆品、手工草木染纺织品等，也有一些和市集关系密切的非生产者提供他们的优质产品。

如今，市集在北京二环到六环几十个不同场地已经举办了近千场，参加市集的农户和商户数从一开始的 4~5 家增加到目前的 60 多家，赶集人次从最初的 100 多人到高峰时的 4000 多人，共直接服务消费者 30 万人次。

参加市集的生产者既有农民，也有企业白领，消费者大多受教育水平和收入水平较高。市集的外部影响力不断扩大。市集同时也会加强同行间的交流、资源和经验共享，期望能够把市集的运营模式、参与式保障体系（PGS）做成熟，让同行可以直接拿过去用，共同推动有机农业发展。

北京有机农夫市集并不是一般意义上的普通集市，也非一个企业，它也不是一个普通的公益组织，而是在公益理念下创造的一项事业。确切地说，它是一个追求理想生活、独立的、具有鲜明自我特征的、完全自我循环的共同体，是一个将生产者、消费者、志愿者融入其中的大家庭。它依靠内在力量生发而成，因其明确、独立的价值观，在“大家庭”的成员间互动、碰撞中形成独特的内部规范，由沟通和信任建立情感归属而紧密联结，井然有序并且生机勃勃。

4. 价值理念

当北京有机农夫市集的影响力不断扩大时，试图与其合作的商家和企业越来越多，但是市集始终坚守独立原则。即便在在很多方面需要资金和资源支持的最初几年，来自商业企业的大额捐助和商业合作也都被拒之门外，市集的准入标准中也不以生产者的生产规模和缴纳费用的实力作为依据，市集的创造者对于“资本运作”等流行理念的不认同态度，也是捍卫市集独立价值观的宣言。

北京有机农夫市集倡导的价值观，一直指导着市集的行动和实践。市集旨在搭建一个平台，让从事有机农业的中小农户能够和消费者直接沟通、交流，并帮助消费者找到安全、放心的产品，也帮助农户拓宽市场渠道，鼓励更多农户从事有机农业，从而减少化肥和农药带来的环境污染，维护食品安全、实践公平贸易、支持乡村发展、倡导绿色生活。这些具体方面背后的理念，则是“尊重人，尊重自然”。

“我们最看重的价值观，一个是尊重人，尊重人的劳动，另一个是要尊重自然规律。尊重人就是我们要尊重农户的劳动，不能一味压价，搞价格战。尊重自然是不能做违反自然规律的事情，人类还没有发展到破坏了环境可以很好恢复的状态。当你尊重了人、尊重了自然，食品安全、‘三农’问题、环境问题，也会得到解决。”北京有机农夫市集的参与者也坚定地认为，他们所做的事情，是一件“正确”的事，一份能够给他们带来快乐的事业。

北京有机农夫市集的工作人员在市集建立的最初两年都是无偿投入的志愿者，现在也依然有志愿者源源不断地参与到市集服务中来。即使是领薪水的工作人员，大部分同事的薪资水平远低于他们原来的工作收入。他们认为自己在做一件很有意义的事，虽然物质上没有回报或回报与付出不成正比，但精神上能够得到满足，因此对工作有着自发的热情和责任感。

市集的大多数生产者也未将做有机农场仅仅视作一种谋生手段。许多生产者有着良好的教育背景，在从事有机农业之前，事业上已小有成就，后来却被有机农业所吸引，放弃了原来的工作。平人农场的创始人就是一个代表。“我希望选择一条健康的道路，让自己有简单一些的工作或职业。我们有一些工作不得不说一些违心的话，做一些违心的事，不得不委曲求全，浪费自己的时间精力，走了很多弯路。我想做有机蔬菜这个事对人、对环境有益，这是对身心最大的保护。”

市集消费者中的大多数人收入和受教育水平也比较高，很多人长期关注食品安全、环境污染问题，并且愿意选择有机食品。在进一步理解了消费行为对于生产者和自然环境的影响之后，他们也乐于通过自己的消费行为承担社会责任。

（二）北京有机农夫市集的运营机制

有机认证一直是国内有机农业一个绕不过去的痛点。市集作为组织方，如果不具备一种系统、规范的制度，那它所倡导的生产者和消费者之间的有效沟通和协作就缺乏说服力，在与其他市场模式的竞争角逐中也没有更大的优势。面对这个问题，北京有机农夫市集选择了参与式保障体系（Participatory Guarantee System，下称 PGS）这个工具。

1. 认证问题

国内的有机认证价格大约是一种作物 1 万～2 万元 / 年，耕种若干种不同作物的小型种植者要通过认证，往往在财政上面捉襟见肘；而整个种植过程中是否能完全符合规范，一年只实地探访一次的官方有机认证也无法保证。但问题是，在越来越多鱼目混珠的产品和市集进入有机食品界的时候，消费者又要求更有品质保证的产品。

北京有机农夫市集从最开始的不到 10 个商户，到现在 60 多个提供生鲜产品的农户以及 10 多个非生鲜的作坊，其实在摊位数量上发展得并不迅速，现时的农户中取得官方有机认证或生产商有 QS 认证的也是极少数，所以市集只能靠多次实地走访来确保品质，而消费者则靠着对市集的信任来维持关系。

2011年10月，常天乐在第三届全国CSA大会上听到IFOAM（International Federal of Organic Agriculture Movement，国际有机农业运动联盟）中国代表周泽江老师介绍PGS，才知道原来市集所使用的这些工作方法在国际上已有先例，而且这种新工具还有很多当时市集并没有意识到的重要价值。之后不久的一次市集全体大会（参加者为全体农商户和工作人员）文件中写道："市集必须建立PGS，这是市集可持续发展的基石。"市集一位工作人员说道："如果农夫市集没有PGS，这种形式就没法走得更远。"

PGS是国际上最著名的有机行业组织IFOAM从拉丁美洲和欧美的有机实践基础上提出并推广的，旨在所有有机农业的相关方都参与的情况下，对生产者实施认证并提供质量保证，意即让消费者、平台组织者、生产者共同作为质量监督员。

北京有机农夫市集的农户需要使用有机方式耕种，在土地、水源、肥料、物种多样性上都需要达到有机标准，同时他们会首选本地生产者，在本地缺乏符合条件的种植者或物产的情况下，会以就近原则选择周边地区的产品。

为了检验生产者是否持续地符合要求，最开始市集的组织者会在自己的微博上发布消息，和消费者或微博粉丝一同前往农场参观，这也可以算是雏形阶段的PGS。但后来经常去各地参会、考察的常天乐看到：尽管具体情况充满差异，但各地的农夫市集和其他类型的CSA平台其实都有对PGS的需求。而CSA运动是一个整体，如果这场运动拥有了PGS工具，那么会极大地促进公众对它的认可和参与。于是在2014年9月，北京有机农夫市集邀请全国各地市集和相关的生产者、消费者一起，组织了为期 4 天的“PGS 的本土化工作坊”，探讨如何让 PGS 在中国落地。同时，常天乐也前往 IFOAM 位于德国波恩的总部工作两周，了解 PGS 在全球各地的实践情况。

目前，北京有机农夫市集每月会组织若干次农户拜访活动，和其他生产者、消费者、技术专家、媒体等相关人士一起前往农场，监督的同时也帮助农友提高技术和管理水平。同时，市集还会举办各类工作坊、讲座、交流活动，让生产者更多地接触到新知识、新想法，更科学地管理自己的有机实践。

2. 农户与消费者

市集的工作人员熊彦清讲过这样一件事：“有一个农友卖的菜团子很贵，然后消费者就说：这不就是个荠菜嘛，野地里到处都是，你们怎么卖这么贵，太暴利了，太黑心了。结果这个农友就被投诉了。”

市集组织方把这个问题放到微博上去讨论，引发了大量关注和留言。没想到消费者关注的并不仅仅是价格，他们还会认真地去讨论农民的劳动时间怎么界定，劳动价值怎么判断，农产品价格和价值的关系是什么样的，现在常规市场的定价模式有哪些不合理的地方等。

北京有机农夫市集把自己定位为一个可持续食物社区。在这个社区里，诸如生产标准、生产计划、生产过程、定价机制等一系列问题，都应该由这个社区里面的所有利益相关方一起来商量。市集作为农户和消费者之间的桥梁，使命更是重大。

农户若要加入市集，需要接受市集组织方提供的为期半年到一年的考核，市集组织方还会组织志愿者、消费者和其他生产者共同对加入市集的各个生产农场进行实地拜访考察。即便是已经加入的农户，仍需遵守以下规范：要保持独立中小农户的规模（转变为大农场不适合继续留在市集）；农户虽有自主定价权，但必须符合公平定价原则，符合产品本身的实际价值，不可乱定价；与消费者及其他生产者需进行持续沟通，并以日常沟通和农场考察相结合；必须保证有机生产方法和产品质量，这是根本。如被发现有欺诈行为，出现问题产品，首先受到市集警告，同时责令暂停销售，如出现更为恶劣的故意欺骗消费者的行为，则会被取消参集资格。

市集发展至今，绝大多数生产者都能满足上述要求。实际上，这样的要求比认证来得更为直观，也更容易让消费者放心。当然，其前提是消费者愿意花费时间去体验这样的承诺，并且愿意将自己的信任置于日常管理和日常沟通之中。正是由于消费者和生产者这样用心，彼此之间的信任建立得才更为牢固、持久。

与生产者相比，消费者所受的约束虽然不多，但他们同样需要承担自己的责任，因为消费者的责任反过来意味着对生产者的监督，这是一种权利——消费者有权了解自己所购产品是如何生产出来的，是否安全。甚至，消费者有权监督生产者进行良心生产，对环境负责。这同时也是一项义务，他们有责任去关心生产过程，主动与生产者进行交流，尊重生产者及其劳动，愿意支付公平的价格，以认可小农户和手工业者的辛勤劳动。

消费者承担的责任包括：与市集生产者进行现场交流、问询互动，到农场拜访生产者，在分享会上与生产者和其他消费者进行交流，以公平的价格承担自己对生产者的责任。

虽然这些规范不是强制性的，但是认同市集理念的消费者很多愿意花费精力和时间关心市集的发展，去了解有机食品背后的生产过程，了解消费行为对生产行为、自然环境的影响。通过与生产者的交流，一方面提醒和帮助生产者遵守生产规范、不断改进，另一方面自己也能学到更多知识，承担起自己的一份责任。

对于市集，这种规范的有效性，不仅来自市集组织方和参与者之间相互的监督，更重要的是大家的自觉遵守。或者说，这是文化的力量，而不仅仅是制度的力量。

3. 信任建立

王鑫参加市集已经两年，陈艳红已经参加七年，他们都培养了一批老顾客，像亲戚一样。想吃什么菜，提前通过手机微信告诉她。赶集当天的一大早，陈艳红三点多起床，去地里摘菜，然后自家侄子开面包车把她送到市集上。老顾客有时候还会去农户家里，亲自去地里摘菜。在市集里，每个卖菜人都有这么一批固定的老客户。市集举办的地点不同，有时在朝阳，有时在海淀，他们就追着市集去买菜。

可以说，信任在商品社会或整个时代已经成为稀缺物的时候，北京有机农夫市集内部却不乏这种可贵的品质。而信任的建立一方面与双方信息是否透明、对称有关，另一方面则依赖牢固、真实的人际关系。

市集的生产者、消费者和组织方之间，在生产过程、生产方法、食品的保质情况方面做到完全透明，围绕健康、环保、公平贸易理念以及有机农业的知识进行充分交流。交流渠道包括市集现场、农场拜访、分享会，以及现代网络社交平台（微博、微信公众号和朋友圈）。此外，市集上销售的产品，凡有包装的，都明确标有生产农场名称，产品保质期，简单的生产工艺、过程，产品使用 / 食用方法。

消费者购买时，如想了解更为详细的信息，可以直接与生产者交谈，他们基本知无不言，言无不尽。消费者如果对哪个农场感兴趣，他们还可以来市集参加该农场的生产者分享会，也可以预约至农场去考察访问。市集组织者也会收集消费者的日常疑问，收集一些产品生产和销售中出现的小问题、小插曲素材，通过微信、微博即时发布出去，予以告知和说明。

这种交流越来越多地融入了人际交往的性质，市集参与者们之间的关系早已超越简单的交易关系，而更像是熟人、朋友，甚至家人。在市集现场，经常可以看到他们彼此微笑着打招呼，谈论彼此的近况，随意聊着家长里短。一些跟随家长来的孩子在各个摊前跑来跑去，摊主们还会逗逗他们，送些吃的给他们品尝。在微信社交网络中，他们互相之间也是好友，互动频繁。

如今，一些做得好的生产者已经不需要完全依赖市集来销售，但仍然觉得市集对他们很重要。来到市集上可以很开心，见到更多的朋友，因此几乎没有人愿意脱离市集。

平人农场的创办人夏啸进谈到，他在提出加入北京有机农夫市集的想法时，由于市集的组织者之前就很了解他们农场的情况，知道他们为人做事的风格和操守，所以很快将他们列为见习农友参集。在市集日常的工作中，市集工作人员对他们也非常信任，有时他去社区店送菜忘了写货单，也不会被责怪，因为月底核对时绝对不会有错，送去的菜品，市集的工作人员也从来不会称重，直接放上货架。而事实上，他送去的货总会比社区店订的货要重一些。

（三）市集：营造一个温馨的大家庭

北京有机农夫市集是一个融合了生产者、消费者和市集工作人员共同参与的“共同体”，是一个大家庭。经过长期交往，他们彼此之间在平等、互惠的基础上建立了良好的信任关系，每个人都致力于营造一个和谐、温馨的大家庭氛围。

1. 平等互惠

北京有机农夫市集将实践有机理念的小农户召集起来，让更多的消费者认识了这些生产者，既帮助生产者打开销路，又满足了消费者的需求。但二者之间不仅限于物质上的互惠，也让他们获得了精神上的满足。

消费者和生产者以及生产者之间在长期交往的过程中，感受到情感的力量和信任的珍贵。因此，生产者愿意按照规范去生产，消费者也愿意承担起自己的一份责任，热心参与生产过程，并支付相应的价格。而生产者之间的互动让他们能够互相学习。一些热心的农场主会主动向其他生产者分享自己好的生产经验，甚至手把手展示一些具体技术，在此过程中，市集所

◎农友大家庭

有的生产者的技术都得到了提升，生产规范也因此提高了标准。

在此基础上，包括生产者、消费者和市集组织方在内的参与者，主动进行充分的交流和碰撞，各个参与者在其中的责任和行为规范逐渐完善。互动的形式不仅仅限于市集现场互动，还包括开会讨论、农场拜访、社区店的日常活动。最后的结果也不仅限于以上提到的狭义的成文标准，而是一个经过不断共同探讨和尝试形成的，包括所有参与者在内的，渐趋成熟的保障体系。

市集在建立之初，关于生产标准和规范，主要是由市集的生产者和组织者们讨论出来的。讨论过程充分体现了平等的原则，每个参与者拥有平等的地位。在制定标准时，由于农场的资源和条件有所不同，在地域和产品种类方面也不一样，能够达到的生产标准也有高有低。比如市集最早的参与者之一德润屋，所采取的标准比一般有机农场的标准更加严格，由于农场创始人自己的信仰，农场甚至不用任何物理性的杀虫剂。但是对于有些农场来说，不直接在土地上使用农药化肥，已经是很大的进步，产出的农产品也可以达到有机标准。

在这种情况下，不同的生产者参与到讨论中，在具体标准上的意见难免存在差异。但没有人以自己的标准去强迫别人，市集的组织方也不会用一刀切的方法扮演决策者的角色，而是考虑不同实际情况，综合不同意见。这样，最终讨论出来的标准使大家都有能力做到，也得到了普遍的认可。

在市集现场，工作人员那里有每家农户的联络表，每家摊位也都有名片，赶集的消费者可以随意取阅。消费者可以详细询问关于农户产品生产过程的任何问题，农户都一一给予热情的解答，市集工作人员和志愿者则帮助解决消费者和农户的困难和问题。

北京有机农夫市集的工作人员会经常组织分享会，分享关于市集本身的工作内容、农户的种植经历和感悟以及有关的科学知识。主讲人既包括市集的组织者、开展有机种植的农户，还有做有机产品研究的学者、专家。每次分享会都由对有机产品有兴趣的消费者或生产者提出问题，在与会者之间探讨。

设立在三元桥的社区店“集室”是市集的日常零售商店，也是市集的办公场所、交流中心。消费者和生产者平时除了到这里买菜卖菜，还会热心地与工作人员探讨自己关于有机农产品和农夫市集的想法。

参与者通过以上方式进行充分的交流和互动，客观上便于互相监督，也大大提升了相互之间的信任，让他们对彼此有了更多的责任感。这些构成了参与式保障体系能够有效实行的重

◎市集分享会

要基础。这个过程中发生了很多小故事，小柳树的行动是其中比较有代表性的。

小柳树农场于 2013 年正式加入北京有机农夫市集，其创办人柳刚曾经从事日本进出口食品贸易，在外工作期间接触到了日本一些有机种植方法和标准。市集的口号是不用农药，不用化肥，但如何做到不使用化肥呢？各个农场的做法很不一样，有一些不够科学，比如从养殖场产生的粪肥可能存在重金属、抗生素等有害物质。柳刚认为最好的办法就是自己堆肥，但并不是所有的农户都掌握了这门技术。于是，柳刚建议市集请专家来分享一下科学的堆肥办法。他自己联络到日本方面的专家，为所有农友做了一次深入的分享，并在分享后请大家到他自己农场去看他是怎么堆肥的，在学习过程中进一步讨论，使市集的生产者在肥料使用的具体标准上更上一层楼，这受到了农友们的欢迎。

2. 大家庭气氛

当市集的参与者对价值观有了认同，便更愿意通过自己的努力去实践“尊重人，尊重自然”，凝聚起来一起建设他们的理想共同体。即使存在分歧，市集这个共同体中也存在非凡的凝聚力，让这个大家庭的成员牢牢地团结在一起，成为一个具有与众不同个性的整体。

在市集办公室日常的工作中经常需要进行一些讨论，在一些具体问题上会出现意见上的分歧，大家看法各有不同，有时争论非常激烈，但这并不代表市集的成员过于离心，反而都是为了一个共同的目标。一位志愿者说道：“不管再怎么争论，我们回过头还是可以很好地一起工作，因为这些争论并不牵扯个人利益，而是为了更好地把事情推进下去，寻找解决的办法。”

在共同价值观的引导下，一切讨论都是为了促成各方更好地合作，实现市集最初的社会价值，因此经过不断的讨论和协商，总是能拿出令大多数人满意的方案。在北京有机农夫市集，人与人的关系充满了温情，不是陌生和冰冷的，成员们对市集这个共同体有着强烈的归属感，市集已经成为一个温馨的大家庭。

2015 年的整个夏天，市集方面和消费者持续关注一墩青农场西瓜的生长过程，有许多消费者预订了这家的西瓜。但是，在西瓜即将成熟上市的前一天，瓜地遭遇了严重的冰雹，一年劳作毁于一旦，但农友还是把被冰雹砸坏但已经成熟美味的西瓜带到市集上，免费供大家领取。市集方面立即告知已经预订的消费者这一遗憾的消息，决定将本年的预订款作为明年的预订款依旧交给这个农户，消费者申请退款的部分由市集方面垫付，同时鼓励消费者继续预订明年的西瓜。最后，大约有一半的消费者留下了明年西瓜的预订款，用以支持这个农场下一年的发展。

这件事情表明，市集的成员已经产生了深层次的感情，这是一个有情义的平台。

此外，市集已建立社区菜店加公共空间，市集将该公共空间命名为可持续生活社区中心——集室。社区菜店主要是农场送肉菜等供消费者购买，公共空间供农友和消费者使用，组织一些宣传教育等活动。公共空间不仅仅是个空间概念，更重要的是进入空间的人们，以及展现在空间之上的广泛参与、交流与互动，人们在这里可以共享理想、展望未来，同时对现在的情况进行探讨、决策。

“共同体是一个温馨的地方，一个温暖而又舒适的场所，

◎集室社区菜店

它就像是一个家，在它的下面，可以遮风避雨……在共同体里，我们能够相互依靠对方；如果我们跌倒了，其他人会帮我们重新站起来……当我们失意的时候，总会有人紧紧握住我们的手。”北京有机农夫市集在共同体的基础上培育了温馨的大家庭气氛，成员之间像亲人朋友一样有情有义，互相依恋，不再惧怕未来的困难。

3. 召集人常天乐

常天乐有着国际新闻专业背景，长期热心于公益事业，曾经在美国的公益组织农业与贸易政策研究所（IATP）担任中国项目官员。他在市集成立初期就成了志愿者，后来几个外国创始人陆续退出，离开中国，常天乐这个帮忙的就成了负责的，好在有很多中国志愿者加入，帮常天乐一起张罗，逐步形成了一个稳定的小团队。参与了一段时间后，常天乐深感市集正是自己之前在研究所工作时所追求的“替代性食物体系”的绝佳模式，干脆辞掉了研究所的工作，全职组织市集。

说是全职，却不拿工资，其他几位同事也是一样，都纯粹是因为认同市集的理念、人际关系和工作氛围。这样，市集就成了一个由一群全职志愿者支撑的公益项目，团队成员义务劳动，也来去自由，团队氛围平等而友善，决策靠大家讨论。同事们曾经提出：为了宣传市集，要把常天乐作为一个符合主流价值观的形象推出——她是美国“海归”、曾供职于媒体、大公司和国际研究机构，英语和普通话一样流利，而且出口成章，形象也富有亲和力。但她始终拒绝被“推出”，坚持认为应该突出的是市集这个平台本身。她至今都管自己叫“召集人”——

她负责把大家招呼到一起，但拿主意要靠大家商量，如果项目出了问题，她也负责“着急”。

2012年夏天，市集开始有一些收入，终于可以给团队支付微薄且平均的薪水；次年12月集室开张，又增加了一个团队；2015年，市集又在五彩城开设了第二个社区菜店“集室堂”。团队目前全职工作人员数量近20人，其中大多数人都曾是市集上的消费者。而在这个团队管理下的市集和两个菜店，则不属于任何一个个人或机构，毋宁说，它是这个流动的志愿者群体，以及他们所服务的农友和消费者群体的“共同的”市集，市集的不少事务会拿出来与农友们协商，一些活跃的消费者也会被邀请其中。

据常天乐估计，全北京有近一万个家庭的农产品购自市集或由市集直接向农户购买，有一千人差不多每周都来赶集，与她脸熟的消费者有小一百人，负责更多一线事务的同事们则会认识更多。有几十人是非常投入的消费者，他们有的把社区支持农业、有机农业原则甚至方法吃得很透，常常能在市集举行的交流活动中替市集组织团队宣讲理念、解答问题，甚至回应挑战；有的成为市集的志愿者，从看摊、搬运，到编辑微博、微信、提供专业咨询；有一些则举家默默成了农场的忠诚志愿者，还有一些则成为参加农场拜访的积极分子。

从讨论相关标准到实地至农场考核和拜访，从对消费者的教育到市集日常秩序的维护，常天乐都亲力亲为。此时，她扮演的角色除了调动大家的参与积极性，还充分激发大家的思考与创新。在制定市集规范过程中，她主动提出许多建设性的意见，供大家参考。当市集同事讨论出现分歧时，她总能提出有价值、有启发、令人信服的建议，最终达成共识。而在维护市集既定的规范时，她严格把关，对日常规范细节严格遵守，对不符合进入标准的严格禁止。她的坚持，既维护了符合标准的生产者利益，也尊重他们的投入，维护了市集的严肃性和消费者的利益。因此，大家自觉自愿共同遵守规范，共同热爱市集的纯洁。

在建立生产者和消费者的信任关系中，她是必不可少的支持者和监督者。在市集现场，如果消费者对产品有疑问，她会帮助消费者与生产者进行沟通和协调，让双方满意和信服；如果出现农户有违市集规范的行为，比如发现有的农户在现场提供一次性塑料袋和餐具时，她会严肃地制止，有效地维护市集的规范，也得到了生产者和消费者的尊敬。

在市集管理上，她是当之无愧的领导者。作为市集的负责人，常天乐在关乎市集价值观和发展方向的重要问题上，有着举足轻重的作用。比如，她坚守市集不可接受有损市集价值观的外部捐赠的原则。七年来，她坚守市集创办时的理念，她说："虽然我不希望大家把我看作是一个领导，但是这个组织要往哪里走非常重要，大家都有机会去充分发挥自己的才能，但是不能做违背我们理念的东西，这是我们做事情的基本出发点。"

七年来，常天乐以市集为家，对于生产者和消费者、一起工作的同事遇到的困难和提出的意见都认真对待，帮助大家解决困难，化解分歧，与市集大家庭的成员之间建立了亲密、深厚的关系。因为她的努力，市集成员间增进了感情，市集大家庭变得更加温馨和团结。

（四）面向未来：封闭还是开放

资金和资源问题对于任何一个公益组织来说，都是至关重要的。北京有机农夫市集坚持独立发展，从一开始的捉襟见肘到实现了目前的自给自足。市集依靠组织方式的“有机”，形成了一个更加牢固的共同体，努力创造自己独立的社会价值。尽管北京有机农夫市集还不足以作为一个完美的范例存在，但它所坚守的理想和秉持的开放理念，使其能够乐观地面对未来可能遇到的种种挑战。

1. 关于资金问题

公益组织同其他组织一样需要生存，需要消耗资金和资源。对于很多公益组织来讲，资源问题至关重要，也是令其组织者最为头痛的难题。筹款的难题、缺乏人才和人手的难题，困扰着他们，因此一些公益组织对于外界资源的依赖性很强，甚至长期依靠外界输血而生存，那么这是否代表第三部门没有能力实现独立发展，只能依靠外界支持呢？北京有机农夫市集通过几年来的独立发展，回答了这个问题。

在市集发展的最初几年，资金上也是捉襟见肘，市集没钱发工资，都依靠志愿者的无偿服务来运转，志愿者们努力动用自己能找到的各种资源投入市集的建设，场地资源也都是尽力争取免费申请。市集的组织者曾为人才等问题犯愁，一些媒体也对农夫市集到底能走多远提出质疑。

然而，市集的建设者们持续努力，坚持依靠市集内部的力量实现发展，目前可以说是完全自力更生的状态。虽然直到现在北京有机农夫市集举办市集活动也没有自己的场地，但大部分场地都是热心的消费者帮助联系商场，给市集免费使用。

市集运转需要的资金基本实现了自给自足，一是向赶集的农户收取额度不高的摊位费；二是开设社区菜店，通过经营自我造血；三是在市集的接待处帮助外地农友代卖农产品来增加收入；四是通过为场地方提供活动组织、宣传等工作来获取商业合作的收入。

随着收入增加，市集原来的志愿者们成为正式工作人员，还在原来人员规模基础上扩招了员工。如今更多的志愿者接踵而至，他们之中有市集的消费者、生产者，还有对此感兴趣的大学生，市集现场随时都能看见志愿者忙碌的身影。市集也注册成为公司，有了独立的法人身份。

市集虽然也接受来自基金会的资助，但数额并不大，较大的捐赠来自乐施会对 PGS 调研项目的 20 余万元资助、香港社区伙伴（PCD）对农场拜访的资助，以及全球绿色资助基金的 2000 美元资助。

而商业企业给出六位数以上的大额资助意向，市集通常不会接受，以避免受到资助者的操控，进而影响市集坚守的纯洁和独立。即使市集使用商业企业提供的免费场地，也要求场地提供者必须认同和了解市集的理念。此时，彼此之间的关系是合作，是相互受益的健康伙伴关系。

北京有机农夫市集在艰难运营的同时，也希望自己的影响力和价值不只局限于服务北京的农友和消费者。他们和各地农夫市集建立密切的互动，和大家一起交流经验、共同成长。2015 年，市集还出资参与成立了北京合一绿色公益基金会，希望能以纯公益的方式，推动中国草根食物运动。2017 年，市集又孵化出一个关于可持续食物的独立自媒体“食通社”，集结行业资源，共同书写传播可持续食农议题和故事。

2. 组织方式的“有机”

虽然目前还没有有机食品的立法规范，但在市集工作人员看来，这反而是一种幸运。如果政府现在全部要求有机食品进行统一认证，小农户不能承受其烦琐和高昂的费用，反而有可能一管就死，丧失有机农业发展的灵活性和创造力。市集的组织者不希望过度依赖外界的力量，而是希望依靠自己的力量实现发展，在他们眼里这也是一种“有机”。

“一个组织的成长应该是有机的，不应该过多依靠外来的投入，一下子变得很大，而应该去看周围的环境条件，能不能自己慢慢成长起来。农夫市集一开始是志愿者投入，后来我们有点钱了就成为正式的员工；原来工资比较低，钱多一点我们就涨一些工资，现在也敢于招一些有比较好的工作背景的人，这是一个循序渐进的过程，市集的发展就是有机的。”常天乐在一次受访中这样解释。

实现独立的发展，对于一些公益组织来说可能反而是弊端，需要以失去外界资源支持为代价。而北京有机农夫市集作为一个共同体，包括生产者、消费者、志愿者、市集工作人员在内的参与者能够合作起来，各自贡献资源和能力，使得市集共同体能够从无到有，由弱变强。在这里，自力更生不但没有限制公益组织的发展，反而成了这个组织的优势，为它未来的独立发展打下了更为坚实的基础。

当人们在社会中面临各种各样的生存问题，或者怀有一个靠一己之力并不能实现的理想时，什么才是最好的道路？等待市场大潮将自己卷入其中，或者冀求行政力量的全知全能，在某些时刻都可能是令人失望的。北京有机农夫市集的实践给出了答案，不如联合身边的你、我、他，构建一个我们都向往的家园，创造属于我们自己的独立的共同体。

更进一步，这个共同体在市场失灵和政府失灵情形中，有着自身独特的优势，以其独立性、“另类”的逻辑弥补了政府和市场的不足，提供政府不能提供的公共物品，满足不同人群对公共物品的多样化需求。这也许是北京有机农夫市集在社会层面上的独特价值所在。

3. 封闭与突破

北京有机农夫市集作为一个公益性质的共同体，所倡导的价值观、所建立的规则，以及通过参与者平等互动建立秩序的方式，有着强烈的自我特质，目前看似乎只适用于市集的小圈子，与外界环境区分较为明显。

市集的参与者，包括生产者、消费者、工作人员在内，大多属于收入和受教育水平较高的“中产阶层”，也代表着这可能是一个相对“小众”甚至“封闭”的共同体。但是，它所追寻的理想，所倡导的价值理念，特别是所提供的产品与老百姓日常生活息息相关，并且它所带来的环境可持续发展的影响又是后代人的福祉所在，它有冲破“小众”和“封闭”的必要和需要。

今天，有机食品虽然还不能代表生产和消费的主流，但随着社会发展，农夫市集所倡导的将不再是奢侈品，它会成为我们寻常生活的必需。

日本守护大地协会说过这样一个信息：三十年前的日本也曾是遍地农药化肥，食品行业中存在弄虚作假，几十年来协会下的有机农场通过教育消费者和带动其他农场，取得了越来越显著的成效。目前协会衔接的农场已经有几千家，销售网络遍布全日本。

实际上，北京有机农夫市集不仅能够满足社会对于有机食品的需求，而且提供另一种独特的公共物品，即公共秩序。在社会发展失序，而政府和市场的主导力量无处不在的情况下，北京有机农夫市集通过自我组织、自我管理，通过参与者的主动碰撞建立内部秩序的方式，正为当前公共秩序建立的一种新的方式提供了范例。

这种范例在发展初期经过自我摸索、沉淀后，需要走向社会，让社会更多的人因此获益。其中，包括市集不可回避地去影响政府，或者与政府合作，鼓励政府接受或参考市集的养分，运用到政府对市场的规范和监督之中。也包括市集不必回避地去影响那些具有社会责任感的企业，或者与它们合作，推广市集的养分，或者将市集的养分融入这些企业运行之中。甚至包括企业间形成的协会或联合行动，也可以成为市集的合作伙伴或工作对象。当然，市集也可以有自己的追求，永远做一个封闭的、不受任何干扰的“小而美”，这取决于市集大家庭成员自己的选择。

乐观的是，农夫市集正在迈出开放的一步。它率先在北上广这样经济水平和消费者受教育程度较高的大城市中出现，带动了越来越多的消费者加入有机食品的消费中来。各个农夫市集目前也走向初步联合，北京有机农夫市集与外地农夫市集联合进行关于参与式保障体系的全国调研，希望能够编写出一本指南供全国的同行参考。与此同时，北京有机农夫市集也积极进行政策倡导，希望政策能够更多支持小农，支持有机农业。

因此，我们有理由认为，北京有机农夫市集的“小众”终将走向“大众”，有机的生活方式将不再是一部分人的自娱自乐，而会逐渐形成一股潮流，从一个小群体内部的改变走向一个行业的改变。

崔国辉整理　天津师范大学文学院研究生

五

公益之左，商业之右，沃土在两者中间

沃土工坊的社会企业实践

21 世纪初期是国内食品安全问题爆发的元年，“毒姜军”“毒大米”、三聚氰胺、苏丹红……一个个食品安全丑闻曝光的同时也在撼动工业化食品生产的权威。随之而来的，是越来越多的生产者意识到环境和食品安全危机，摒弃农药化肥，转型为生态生产，也因此孕育了一系列乡村建设和社区发展的机构，帮助农人改善生产技术。直至农作物收获了，才发现一个尴尬的问题，“卖不出去”。

从包销稻鸭米，到帮助上百位返乡青年解决生存压力和生态农产品销售的难题，支持转型有机种植的土地近万亩，广州沃土工坊是国内目前较大的小农生态农产品销售平台之一。从零成本的口碑营销，到营业额突破一千万，沃土工坊帮上万名消费者找到了食物安全的出口。

2006 年，沃土工坊始于草根非营利组织，继而发展成综合性社会企业。现在，沃土计划带动国内农业的系统性升级——成立沃土可持续农业发展中心，分享专业生态农业技术；建立沃土农耕学校，培育综合性的新农人；创立旗溪自然部落，让孩子有一个与自然连接的成长乐园。

十余年的时间，沃土和国内生态农人一同成长，既实现了广泛的社会影响，又稳定了商业的可持续发展。本文将从沃土工坊的缘起、发展、社会影响和商业拓展等方面综述分析，意在为正在从事或希望从事生态农业人员、返乡工作青年提供参考。

（一）为城市消费者和生态小农户架起一座桥梁

1. 企业使命

广州沃土工坊（Nurture Land）是2006年初成立的一个非营利组织。创始团队关注“人身心健康与土地健康”之间微妙的关系，在发展的过程中也逐步意识到很多社会问题来自商业社会中“城市—乡村、农夫—土地”之间的掠夺关系。沃土工坊遵循社区支持农业（CSA）的理念，从起初一个小仓库到如今上万名会员，帮助城市消费者和偏远地区的生态小农户之间架起了一座桥梁。

“沃土工坊”的寓意是“在行动中滋养我们的心灵和土地，寻求健康、和谐的社会发展方式”。具体来说，沃土工坊是一个“生活圈”，尝试帮助一些“小型的、尝试性的社会发展项目”，目前已在乡村教育研究、社区支持农业、乡村振兴等方面进行了在地项目实践和支持。

沃土工坊现在的负责人郝冠辉在多次分享中强调，“沃土工坊一直明确自己的使命：支持生态小农，推动健康消费。在农村，沃土工坊和农夫交朋友，支持他们开展生态农业；在城市，

◎郝冠辉

沃土工坊和消费者交朋友，消费者们有渠道可以购买到真正放心的食物。”

2. 发展历程

2006 年，沃土工坊由一群志愿者发起成立，为非营利组织；

2007 年，沃土工坊在广东地区开展农业考察，宣传 CSA 理念；

2008 年，沃土工坊由团购一包稻米开始，走向支持生态小农的社会企业之路；

2009 年，沃土工坊在官堂村的大榕树下，有了第一个 18 平方米的小仓库；

2010 年，沃土工坊开始通过电子邮件，为消费者提供生态农产品的邮寄服务；

2011 年，沃土工坊有了第一家 30 平方米的小铺；

2012 年，沃土工坊租下第一个 100 平方米的仓库；

2012 年，沃土工坊总部搬迁至华南碧桂园东门的 500 平方米办公楼，成立沃土生鲜事业部，专注于蔬菜配送业务；

2014 年，沃土工坊上线微信商城，结束了长达四年多的电子邮件寄送服务，成立沃土可持续农业发展中心，为更多的生态小农提供技术服务；

2015 年，沃土工坊营业额突破一千万，支持数百名生态小农；

2016—2017 年，沃土可持续农业发展中心出版四期可持续农业杂志；

2017 年，沃土成立第十年，完成沃土农耕学校众筹；

2018 年，沃土成立沃土农耕学校，联合发起旗溪自然部落。

3. 企业文化：不仅仅是销售有机食品，也用有机的方式管理企业

沃土十余年间一直在成长和变化。在机构创立初期，负责人郝冠辉曾在消费者合作社、社会企业和公益机构中选择团队定位，最终他选择了“社会企业”。在他看来，当时那个阶段消费者的意识还没有到位，力量不足；非营利机构在设计项目时会因为筹款等原因有诸多限制；而社会企业既可以完成机构使命，又可以实现商业成功，是最适合沃土的选择。

对于企业管理，郝冠辉说其实如果搞明白有机农业的生产哲学，也就是搞明白了“有机企业”的管理哲学。所谓“有机企业”可不仅仅是销售有机食品这么简单。在他看来，有机农业最重要的一个原则就是培养好的土壤，让好的土壤来培养健康的植物。那么首先要弄明白企业生存的土壤是什么，他认为最重要的是人，即真正做到“以人为本”的企业文化。企业的

构成是人，不同的员工是丰富的原材料，组合在一起堆肥发酵，才能培育出好的土壤。好的团队类似于土壤里面的团粒结构，具备强大的力量，所以沃土一直按照自己培养团队的节奏，不紧不慢地生长。依赖于资本的快速增长，就像依赖于化肥长大的作物一样，看起来比较肥大，但却是不健康的虚胖，对于逆境没有什么抵抗力。

沃土现在有 3 个独立的团队，60 多名员工，他们有的曾是沃土的生产者或消费者，因为认同企业的价值观而加入。沃土的服务对象首先是沃土员工，然后才是生产者和消费者。因此，除了提供稳定的物质基础，沃土设计了一套员工成长培训路径，通过轮值做午餐培养员工的“匠人精神”，还组织员工学中医、办读书会，组织非暴力沟通工作坊。沃土希望让员工提供服务的同时被服务，从而引导他们自己过上可持续的健康生活，也把这种服务和理念传递给生产者和消费者。郝冠辉说：“沃土每天都在团建，最好的团建就是一起做饭。”

（二）和生产者的关系：重建人与土地的连接

沃土工坊希望和农民是朋友关系而不是雇佣关系，郝冠辉用更直白的话说就是：“小农户种出来的东西卖不掉，沃土工坊就想办法帮他们卖。”

1. 选择生产者的标准

沃土工坊经过十年的摸索，总结出了选择合作生产者的“沃土生态种植五原则”：

（1）生态系统思维：主张从农业生态系统的角度管理农业，从生态平衡的角度修复土地，恢复生物多样性，适地适作，遵照植物、动物自然的生长规律，获得自然的产量与品质，并实现减少外来投入的、可持续的生态农耕。

（2）无害投入原则：在农业投入品上，不允许使用化肥、农药、除草剂、人工生长调节剂、转基因技术等。

（3）土壤改良原则：在土壤改良资材的选择上，选择与土壤改良和土壤可持续地力为中心的自然资材，实现在地循环。

（4）自然防护原则：从农作物和动物保护的角度考虑，主张通过环境改善满足其生态需求，提高免疫力，当发生病虫害时，选择植物、动物或矿物源自然资材进行防护。

（5）可持续原则：主张将人作为生态农业系统的重要一环，通过保护农人可持续的生计与消费者食物安全权利，实现可持续的食物体系。

作为一家生态产品销售平台，沃土工坊的“选品标准”不单单看重生产方式是否有机，更注重生产者的思维方式是否生态可持续。目前，沃土工坊已与全国百余位生态生产者采用订单式合作，合作生态农户来源主要为三部分：

一是返乡青年：经过生态农业理念相关培训的返乡青年，对农药、化肥、除草剂如何严重损害土地有着深刻的理解，对生态农业技术有一定程度的把握。沃土工坊为他们提供销售平台，并努力建立消费者和生产者的紧密联系，使他们安心种植，同时，消费者能享受健康的生态食品。

二是助农类公益机构发展出来的生态小农：主要指公益机

构的工作人员长期在乡村驻点，帮助当地小农发展生态农业，对生产者的种植方式有一定了解，能起到较好的监管作用。目前沃土工坊合作的公益机构有绿耕城乡互助社、桂林山水涅槃、柳州的爱农会、香港懿传文化协会等。

三是生产方式转型的新农人：这些新农人有强烈的社会理想，从事生态农业往往不是以盈利为目的，而是出于对环境保护、食品安全等社会问题的思考。沃土也和这些有理念的小农场进行合作。比如广东清远连山壮族瑶族自治县种植渔稻米的农户，就是由沃土工坊的工作人员亲自进行实地考察和协商后找到的合作农户。

2. 把生产者当战友

农民们最担心的，就是转型做生态农业后的产量和销售，如果这两点能得到保证，转型对生产者是比较容易实现的。沃土工坊一直采用订单式包销的采购模式，会对同一个产品的生产和销售做一个评估计划，只有当一个生产者的产品都能销售完，才会和新的同类生产者下订单。因此刚创立的前两年，沃土工坊用 70 平方米的仓库只帮三位农户销售生态米，而现在沃土工坊和上百位满足“沃土生态种植五原则”的生产者签订了采购协议，产品种类涵盖农产品、加工食品、衣物、清洁用品和书籍等。

沃土工坊是和生产者根据产量协商定价的，销售额的 70% 会返还农户。这样农户们即使采用生态农业的方式产量稍微低一些，但是因为沃土工坊给的收购价较高，所以收入是可以保障的。比如连山地区，农户本来种一亩水稻的收成是 800 斤，可以卖到 1200 元左右，和沃土工坊合作后，产量降到大约每亩 600 斤，但是由于每斤稻米的收购价在 3.5 元左右，最终一亩稻田的收益会增加到 2000 元左右。由于有了良性收益，沃土工坊的合作农户也会影响他们身边的乡亲们，让更多生产者转为生态生产。

作为一个平台，沃土工坊除了销售产品外，也耐心地陪伴生产者成长，更在农夫和消费者的互动中做了不少努力。搜索沃土工坊的微博和微信公众号等渠道，不难找到各类热销的产品介绍。与常规销售平台不同，沃土工坊更希望把种植人的初心和种植过程原原本本地呈现出来，《桃花石主人告诉你他的红枣是如何种出来的》《我很丑，可是我很营养》《购买生态核桃仁，支持王坪爱乡会》，类似这样的故事沃土每天都有，十年的时间已经累计上千篇。

很多返乡青年在开始从事生态生产的第一时间就找到了沃土工坊。百年栗园的王秀亮评价说："国内真心支持生态小农，帮忙卖产品的平台也没几个。要说沃土和其他电商平台的不同，其实有很多方面，最关键是企业使命和文化不同于其他同类企业，企业领导人对行业的认知和发展方向也很清晰。"

沃土工坊给生态小农最大的帮助是帮他们赢得了时间，让他们可以一边学习提升自己，一边把生产和经营慢慢培养起来，稳步提升。受访的很多农友表示，沃土工坊非常尊重和配合小农的产品，让小农可以非常专心地种植和把控产品品质，很少担心销售的问题，连付款都是到货即付，从不拖欠，生产者遇到困难时还会提供免息预支货款和技术支持等。

为了增强产品竞争力，沃土工坊也会选择生产者的原料做产品升级。比如云南的谢雪梅是一名返乡大学生，她曾经是香港社区伙伴的 CSA 实习生，在桂林的双山自然农园实习一年后，回到了云南的家乡，继续在自己熟悉的土地上实践自然农法。她现在种植有机天竺葵并用其提取精油和纯露，沃土工坊以此为原料做成各类天然护肤保养品在平台销售。

随着消费者数量增多，沃土的产品运营质量也在趋向标准化，但有时也会出现生产者不够多，产品品类少，品质不稳定等问题。2017 年，沃土的一位长期生产者李立君的生态樱桃被检出有化学农药残留。虽然最后的调查结果是在其使用的生物农药苦参碱中检出了农残，且由于和常规果园间没有足够宽度的隔离带导致农药漂移，责任并不在生产者，但沃土工坊还是秉着采购原则最终下架了这款产品。同时沃土在平台公开了整个事件调查过程和结果，并放上了立君微店的链接，让消费者自由选择是否购买。

沃土工坊成了帮助生态农友“活下去”的第一站，他们一边帮助生态小农改善种植方式，一边想办法把他们的收获与其背后的意义推广出去，让更多人加入支持生态生产。

3. 分析与小结

社区支持农业（CSA）最大的意义就是生产者和消费者直接建立沟通。欧美国家的生产者大多是大学毕业，有较强的专业能力和沟通能力，可以实现从生产到销售一站式工作。而国内大多生态农场或生态农夫不具备兼顾生产和营销的能力，需要一个中间组织，沃土工坊的出现弥补了中间的断层，让生产者可以安心生产，不必为销售分心，又多了一个分担市场风险的伙伴。

（三）和消费者的关系：重建人与人之间的信任

1. 把消费者当朋友

2008 年初食品安全危机的时候，几乎所有消费者选择食物的出发点都是出于健康的考虑，于是也就自然而然地找到了售卖生态产品的沃土工坊。沃土工坊并不愿意把用户称为“消费者”，更多时候以朋友的关系相处，特别是早期给消费者提供更多的是信任。刚开始沃土工坊销售的小农产品品质很差，包装也土，在没有网络销售的情况下，只有消费者真的很认同沃土的理念，自己开车到店里来买，才会卖给他们。

2008 年沃土刚起步的时候，平台 80% 的销售对象是深圳、广州、珠海等地的华德福学校、幼儿园。这些华德福教育机构的食堂会选用沃土工坊采购的食材，家长们也会零散地从沃土工坊订货。因为华德福教育本身就是注重食育、注重健康、亲近自然的，所以他们对于生态农产品的接受程度比较高，也算是省去了消费者教育的一部分工作。当然，对于本来不了解生态农业的消费者，沃土工坊也组织过一些下乡参观活动、天然生活用品制作的工作坊等。

沃土工坊并没有做很多的宣传，最初都是靠消费者们的口口相传，日积月累达到了如今的知名度和良好运营现状。沃土工坊的消费者很少有对产品发生误会或者不满意的情况，这也得益于信息的及时公开。在沃土工坊的博客上，时不时会有新产品的详细信息公布，产地在哪里、种植者是谁、用的什么种植或加工方法，都会一一地呈现给消费者。有的产品是来自转换期的土地，这些消费者都会知道。有时发生减产的情况，需要适当抬高产品价格，平台也会详细地写明原因，以避免不必要的误会。因为卖的是无添加的生态农产品，又是在湿热的南方，所以保存方法也有很多讲究。

就这样大家口口相传。沃土工坊也做了一个消费者邮件列表，以电子邮件发送产品和农人故事，并寄送生态产品给这个长长的名单。后来有了微信，郝冠辉觉得“适合一些有理念的人构建一个社区的概念”，所以沃土工坊开通了微信，结束了长达四年多的电子邮件寄送服务。

十余年的时间，沃土工坊已经从一群志愿者发展成 60 人的专业团队，产品达 300 多种，营业额也突破千万大关。现在沃土工坊的日常工作主要是“推文—客服—打包—发货”，和常规电商看似没有差别。但最大的不同是，沃土工坊的每一篇微信推文，都会不遗余力地向消费者介绍食物的名称、营养价值，农夫故事，让消费者了解选择的食物产自何处、以何种方式种植。

郝冠辉说如何解决消费者的信任问题是最关键的，重建人与人之间的信任是沃土工坊的使命之一。而如何重建，创业之初就有很多朋友提出用一些技术手段：安装摄像头、做检测，等等。但是郝冠辉认为，建立人与人之间的连接才是解决信任的最好方式，比如带消费者下乡认识农友，和农友交朋友。

但沃土的生产者遍布全国，有些农友是消费者见不到的。所以创业之初，郝冠辉亲自在店里做店长，真诚接待每一个到店顾客，给他们讲述这些产品背后的故事，传达生产者对土地的热爱和对生态理念的坚持。后来消费者的数量越来越多，他觉得自己不可能再和消费者一一认识，那么建立消费者对于沃土平台的信任就成为关键。

为了让广大消费者建立对平台的信任，除了不断讲述产品背后的故事，传递生产的理念，沃土也制定了严格的产品标准。比如，有一次一批苹果已经抵达沃土仓库，却检测出有微量农药残留，沃土工坊当即决定，宁可遭受巨大的经济损失也要保持对消费者的公开透明，将产品全部下架，停止销售。

作为消费者，大家心中主要的疑问就是如何保证这些生产者是严格按照有机标准生产的，沃土是如何进行监管的。为此沃土组建了一个庞大的农友探访团队，对于新加入的农友，最少保持一年一次的拜访。和有机认证不同，沃土团队不仅仅只做监管，而是更多地为农友提供生产技术方面的服务、产品营销方面的资讯，等等。

2014 年，沃土更是把为农友提供技术服务作为工作的重中之重，专门成立了一个公益机构：沃土可持续农业发展中心，为农友提供专业技术服务。2018 年，该中心联合北京农夫市集发起了全国三叶草参与式保障体系（简称“PGS”）学习网络，并且积极推动广东地区的 PGS 在地网络建设。让消费者、公益机构、生产同行都共同参与农场拜访的过程，推动国际有机农业联盟认可的参与式保障体系在中国落地，建立更加完善的信任机制。

2. 沃土与消费者的互动案例

沃土工坊的消费者笑笑妈的朋友圈有一段话："沃土已经是我们大家的共同选择，到任何一个同学的家，橱柜里、密封罐里、客厅抽屉里都有很多相同的食品，给孩子们吃得也很安心。不仅如此，信任也是在沃土购买物品时在别处无法体验的。因为这种相互的信任像朋友式的感情，在当今如此物欲的时代里似乎十分罕见。可这才是人和人本来就应该有的朴素的关系。"

三年前，笑笑妈因为与朋友一起参加沃土组织的农耕活动而与沃土结缘。"那次是去五桂山挖土豆。当时笑笑才两岁多，对土地还没有什么感觉，但是一见到那里的小兔子就开心坏了。我们吃的是土豆宴，摘了青菜立马炒了就吃。我是第一次在广州体验到这种亲子乐，觉得挺好。"随后，笑笑妈便通过订货表购买沃土的东西，那时物流还不是很方便，周末她们全家便开着车去沃土的店里买。刚开始最受家人欢迎的是沃土的面条、全麦面、手工醋。笑笑妈还把沃土的好东西介绍给自己的同学、朋友。"现在我们随便去哪个同学的家，吃的植物奶、胚芽饼、姜母茶、棒棒糖，都是在沃土买的。对这些手作的、健康的、不用添加剂的食品，大家都有相同的感受，家长间的情感在流动，孩子的情感也在流动。"

笑笑妈为何如此信任沃土呢？她透露了两件令她特别感动的事。"有一次，我订了五斤黄姜，说一个星期后可以发货。可我等了十天还是没收到。我打电话去问，原来那批黄姜质量特别差，沃土把所有的姜都销毁了，并撤销了所有订单。还有一次预订土豆也出现过类似的情况，听说也是把所有的货截流了，几百斤土豆全部拿来沤肥。沃土宁可自己有损失，只要货有问题，都不给已经下了单的客户发货，这是很难得的，在其他的地方是享受不到别人为你真心甄选产品的这份诚意的。”

另外一件事，也让笑笑妈更加信任沃土。“有个周末，我们第一次开车去沃土的店里买东西，但没有带足够的现金，那时店里还没安装 POS 机，怎么办呢？沃土的工作人员叫我先把东西全部拿走。他们这么信任我？我当时有点疑惑，工作人员却说没关系，所有来这里买东西的都是回头客，当然可以拿走。我当时买了四五百元的东西，没付钱都拿走了。我跟老公说，有哪个超市可以允许这样啊？我觉得沃土对我们有这种全然放心的信任，不仅是因为他们对自己货品有绝对的自信，更重要的是他们把每一个买家当朋友。这种信任深深地影响了我。不仅让我将沃土当成了‘自家的仓库’，并且令我在日后的事业中也流动着这种信任。”

（四）沃土的转型升级

经过十余年的发展，沃土工坊早已不再是那个卖大米的社区小铺，已经成为国内生态农业一个重要的销售平台。而在看似良性循环的背后，郝冠辉却看到了重重危机：小农和返乡青年普遍存在技术水平落后，生产成本高、产量低的现状，导致生产的产品价格和品质不能够匹配，难以被广大消费者接受。如果不能够解决技术问题，生态农业的推广将面临很大的瓶颈。

1. 沃土可持续农业发展中心

2014 年，郝冠辉发起成立了沃土可持续农业发展中心，以推广和传播适于小农的可持续农业技术为使命。2014—2017 年，中心组织过四次大的全国返乡青年交流会，召集了上百位返乡青年，就生产中遇到的普遍问题分享交流各地经验。此外，中心还举办了四期生态技术工作坊，推动在广州、四川、云南成立了三个农民田间学校，出版了四期可持续农业杂志，帮助生产者系统性地提高农业技术。

2. 沃土农耕学校

生态农业最缺乏的是综合全面型的人才，“授之以渔”才是真正的解决之道。郝冠辉决定建设一所农耕学校，培养综合型的生态新农人。群策群力，他召集了圈内好友，30 天众筹了 100 多万元。就在 2018 年，他将学校确定在距离北京市区一小时车程的昌平和广东省中山市的旗溪生活农场，一个是 200 多亩的生态果园，一个是美好田园生活的现实版，他的蓝图里有

◎沃土农耕学校首届开学典礼

教室、图书馆、试验田、餐厅、宿舍和禅修室，农耕学校提供针对性的短期专题课程和系统性的长期培训，计划 2018 年 5 月正式招收第一批学员。

学校宗旨是以多元、开放、包容、尊重的姿态，建成生态农业界的西南联大，为中国农业可持续发展培养综合型人才，引领行业发展。课程包括生活教育、生命教育、哲学教育、农业基础课程、农业专业课程、可持续农业各类农法系统课程、农场运营管理与规划等，授课邀请圈内名师专家轮流分享。

3. 旗溪自然部落

为了让更多孩子放心地亲近大自然，观察农场动植物成长，理解生态农业理念，沃土联合了五个在地机构，与志同道合的企业家、艺术家、生态种植专家和心怀梦想的返乡青年共同建立了旗溪自然部落。

旗溪自然部落位于广东省中山市五桂山南麓旗溪村，占地

◎旗溪生活农场

面积近230亩，是一个兼具生产、生活和教育功能的综合性农场，常年开展蔬菜、果树种植，新农夫培训，自然艺术教育与体验，自然疗愈，以及乡村文化旅游等项目，是沃土农耕学校的教学实践农场，也是沃土可持续生活中心所在地。

（五）结语

著名的管理学大师彼得·德鲁克先生说，任何组织都要问三个问题——我们的事业是什么？我们服务的对象是谁？我们为他们创造了什么价值？

从一开始，沃土工坊创始人朱明对沃土愿景的描述就是“在行动中滋养我们的土地和心灵”。在外人看来这个描述也许太形而上了。然而十几年过去了，这个愿景不仅没有变，反而更加坚定和清晰：就是疗愈被破坏的土地，但是疗愈土地前首先需要疗愈人们的心灵，或者说必须认识到，人和土地本身是一体的，是不可分割的整体。

十几年来，沃土团队被问到最多的问题就是有机农业有没有未来，而郝冠辉的回答是：“我们要思考的是我们人类还想不想要未来，如果我们人类想要未来的话，就必须从保护好我们的土地开始……”

把愿景转化为现实，必须通过人的实践，所以对于第二个问题——“服务的对象是谁”，答案也和别的企业有很大的不同。沃土服务的对象首先是员工。工业革命以来人是被资本视为生产机器对待的。企业必须反过来把员工当作生命来对待，只有把员工照顾好了，员工才能照顾好消费者。所以十年来沃土团队从学习稻盛和夫的《活法》，到学习《匠人精神》，培养员工正确的工作态度和工作习惯；从学习《儿童健康讲记》，到带领大家轮流做饭，培养正确的生活和饮食习惯；从读《生命喜悦的祈祷》到组织非暴力沟通工作坊，沃土带领员工走的是一条身心成长的道路。十余年过去了，郝冠辉认为沃土对员工的培养思路是成功的，相对一般的企业，沃土有着更加信任、敞开、接纳的企业文化。

对于最后一个问题“企业为服务对象创造了什么价值”，郝冠辉的回答只有三个字：幸福感。幸福感是人类普世的追求，然而在这个时代，人们往往在物质主义的世界里迷失了自己。其实幸福没有那么难，安全美味的食物、健康的身体、人与人

◎沃土团队

之间的信任、人与土地的连接……这些都是幸福感的来源。在沃土工作的员工可能没有太高的收入，却有着很高的幸福指数。在郝冠辉看来，所谓社会企业，无非是回到商业的本质：为人服务，而不是为资本服务。如果所有人都能够回到这个本质，商业本身就是公益，所有的企业都应该是社会企业。

常婉婷　绿色和平食品与农业项目主任

郝冠辉　沃土工坊创始人

六

消费者众筹的 CSA 农场

广东四季分享

从深圳出发，沿着深汕高速公路，大约一个小时的车程，就到了惠州市惠阳区。在淡水出口处竖立着“叶挺将军纪念园”的指示牌，下高速十公里后，就到了这个 AAAA 级景区，同时也是国内知名的红色教育基地。

“叶挺将军纪念园”所在的惠州市惠阳区秋长街道周田村，依山傍水，风景秀丽，人杰地灵。群山围绕中，一级饮用水源“鸡心石水库”就坐落在这里。周田村和水源地上游的双田村、

◎乡村物语有机农场

关山村，都属于“秋长北生态保护区”，除了鸡心石水库，担负香港供水的“东江输水工程”，也经过这里。国内第一个，可能也是目前唯一一个消费者众筹的 CSA 农场——四季分享有机农场，就在鸡心石水库的大坝下面。从坝堤下流出的灌溉水源，通过多条渠道流经农场，农场处于灌溉水源源头。

（一）缘起

四季分享源于 120 位消费者发起建立的乡村物语有机农场，建立农场的初衷是解决消费者自己的食品安全问题。

2012 年 11 月，早晚已经变得有些清凉，但广东的夏天还没有完全过去。在鸡心石水库大坝下面，有一片 200 多亩的农地，水库的泄洪渠将这块地划为两片，靠近水库的这一片种着玉米，泄洪渠的对岸种着韭菜。当年的最后一批玉米已经收完了，只剩下玉米秸秆还立在田里，对岸的韭菜还是绿油油的一片。

有一批深圳的消费者，一直在找寻健康安全的食材，并做过多方面的尝试。这个时候，张和平刚刚结束金果湾农场的创业项目。机缘巧合，这批消费者找到了张和平。而这批消费者背后还有一个群体，对食材的健康和安全有着共同的诉求，张和平当时恰好已经在有机农业领域耕耘了将近 15 年，具备丰富的经验和对行业深刻的理解。

几经磋商，大家确定要用一种新的模式建立一个有机农场，这种新的模式就是消费者众筹：消费者把自己 5 年的蔬菜消费款拿出来，作为农场初期的建设资金；农场不以盈利为主要目的，确保有机蔬菜的持续供应和农场的可持续发展；农场建立后，聘请专业的管理团队负责经营和管理。

2012 年年底前，首批 31 位消费者参与了众筹，筹集到 155 万农场建设资金。于是，在鸡心石水库大坝下这片已经采收完毕的玉米地，四季分享有机农场正式成立了，同时也开始了首批蔬菜的生产。2013 年 1 月 7 日，这些参与众筹的消费者吃到了第一批自己农场生产的有机蔬菜。

2013 年 5 月前，完成第二批 49 位和第三批 25 位消费者众筹，一共筹集到 500 多万资金。农场启动建设大棚设施，到 8 月主要基础设施基本完工，包括占地 53 亩（棚内 38 亩）的大棚和相应的沼气池、灌溉设施，会员服务配套的冷库、真空预冷机等也先后到位。由于资金不是特别充裕，大棚设施的建设规格并不高，其他设施的建设也是能省就省，但整体的生产、服务框架和体系都已建立起来了，这套框架体系一直沿用到今天。

2013 年 9 月，农场遭遇了特强台风“天兔”的正面袭击，造成重大损失。为此，大家商定补充众筹 100 万资金用于设施维修，又增加了 20 位众筹消费者，在此之后又先后有一些零星的消费者参与众筹，最后参与众筹的消费者是 128 位，众筹资金 640 万。这是四季分享最早的建设资金。根据众筹协议，在未来的五年，四季分享将以每斤 10 元的有机蔬菜偿还消费者投入的众筹款，这个价格相当于当时有机蔬菜市场价的 50%，如果以现在有机蔬菜的市场价计就不到 30% 了。

（二）有机人张和平

1998 年，张和平创办了深圳首家有机农场——渔农居。由于当时有机农业的理念在消费者那里得不到认可，而且渔农居经营者内部分歧越来越多，2006 年，因资金投入不到位等问题频频出现，张和平不得不离开渔农居。

渔农居是深圳第一家获得有机认证的有机农场，在华南地区也是起步比较早的有机农场，因此业内也尊称张和平为老师，也为他争得了“深圳有机第一人”的称号。

离开渔农居后，张和平老师辗转做了几家农场的顾问，2007 年年底他再次投身有机农场的建设，创立了尚品农庄；2009 年 3 月加盟九城集团，参与创立了沱沱工社；2010 年创立金果湾有机农场。

在创立四季分享之前，他先后参与创立了渔农居、白马农场（有尚品和阳光谷两个品牌）、金果湾等大大小小七八个有

◎有机人张和平

机品牌和农场。然而，由于有机种植耗时长、投入大，而产品的产出又受气候等条件影响很大，无法保证商业化运作的销售链供给，同样的分歧再次在股东之间产生，最终张和平还是选择在 2012 年退出当时的金果湾有机农场。

2012 年 11 月，120 位消费者为了自己的餐桌安全，拿出 5 年的蔬菜消费款自发建立农场，他们聘请张和平老师带领的专业管理团队运营，四季分享有机农场就开始了。

目前张和平老师带领的团队运营管理着三个有机农场，包括四季分享、泰康农庄和他原来创办的尚品农庄，还有一个位于鸡心石水库源头的火龙果园。所有农场的有机认证面积接近 700 亩，员工有 100 多人，正在服务的预付费会员超过 3000 户，并且还在持续增加。

从 1998 年创办第一个有机农庄开始至今，张和平老师从事有机农业已经整整 20 年了。在四季分享有机农场成立之前，所经营的几个农场由于各种原因均失败了，可谓屡战屡败、屡败屡战。经历了这么多年的风风雨雨，走了无数条弯路，他深感做有机农业并不是一件简单的事情，他经常说“不愿意看到现在的新农人有和我一样的经历”。经常有同行上门取经交流，他都会毫无保留地把自己的经验分享给大家。

（三）四季分享年谱

1. 2012 年

11 月，消费者众筹的乡村物语有机农场建立，并以“四季分享”品牌对外运营。农场建立40多天后，参与众筹的消费者第一次吃到自己农场出产的有机蔬菜。有机蔬菜农场采收包装后，自有物流直配到家，首批30个配送单位，配送时间将近24小时，凌晨5点配送车从农场出发，配送完最后一单已经到了第二天的凌晨2点，所有的人都为此捏了一把汗。

2. 2013年

农场的所有配套设施主要都是在这一年内完成的，大棚28个占地53亩，沼气池1000多立方米，所有生产地块全部配上灌溉设施，高低温冷库和低温分拣中心建设完毕，用于办公和生活的三栋板房建设完成，农场会员体验基本模式建立。当年9月遭遇“天兔”台风正面袭击损毁严重，农场停菜45天，但得到广大庄主和会员的大力支持，停菜45天期间仍新增近50个会员。2013年共增加会员520个，销售额240万元。

3. 2014年

这是四季分享各方面上轨道的一年，年初由于持续暴雨和生产安排原因，上半年生产不是太稳定，6月份组建生产应急小组督导农场的生产组织。9月启动惠州地区的会员拓展，此前四季分享的会员全部在深圳。年底尝试了社区店，但仅仅三个月的尝试以彻底退出告终。11月份泰康农庄以协议合作的方式全部纳入四季分享管理。这一年的很多个晚餐后，张和平老师及农场客服、技术、销售、配送等部门工作人员围坐在饭桌前，开始每日的例行总结会，这被张和平老师戏称为“夜总会”——夜里总是开会。每一个旁听会议的人，都能感受到他们对会员的那份用心，他们通过尽可能多的渠道和平台让会员了解有机种植，传播 CSA 理念，并通过工作人员之间的及时沟通解决农场大大小小的问题。通过这种沟通，四季分享的文化和理念在逐步形成，四季分享的大部分骨干员工都是在这一年加入，团队公司也是在这一年成立，为四季分享后来的持续发展奠定了基础。这一年年底，四季分享的会员总数量增加到 1060 个，营业额达到 568 万元。

4. 2015 年

即使从现在的角度看，2015 年都是四季分享发展最好的一年。整个一年风调雨顺，虽然在“食在当地、食在当季”原则指导下，有机蔬菜产销失衡的问题贯穿全年，但基于“产品、服务、体验”的经营理念贯彻得较为彻底，公司内部管理也在此基础上逐步规范和完善。在 CSA 模式下，虽然会员的选择有一定限制，配送时间也是以固定时间固定线路的模式，但会员的认同和黏性非常高。10 月份，有会员发起组织了一次消费众筹，取得了不错的效果，到春节前公司账上结余了近 300 万现金，会员数量也在稳步增长，财务核算几乎都要达到盈亏平衡，大家都认为四季分享即将打破“农业企业五年亏损的魔咒”，四季分享的经营模式得到了会员和同行的肯定。2015 年底，会员数量达到 1633 个，全年销售额 1200 万元，全年现金收入远高于销售额。

5. 2016 年

对四季分享来说，2016 年不是一个好的年份。

首先是人为因素造成的浪费，表现在生产资料的无序购买和人力资源的无序扩张。春节过后资金相对充裕，生产资料的购买完全没有管控，田间地头都是成堆用不完的有机肥料；生产工人超过 100 人，全公司员工一度超过 200 人；在每个月都还有一定收入的情况下，春节前的结余资金在短短两三个月内就消耗殆尽。

其次就是老天不给力。从 3 月开始就连绵的阴雨，给农场生产造成了很大的困扰，几乎过完年就开始缺菜，到下半年恶劣天气几乎达到极点。8 月初遭遇有史以来最大台风的正面袭击，台风强度大于 2013 年的“天兔”，为保护蔬菜大棚的主体结构，所有棚膜全部割掉了，棚内蔬菜毁于一旦。农场为争取时间，台风过后即安排生产恢复和设施的修复。9 月底设施基本修复完毕，赶种的蔬菜也差不多要采收了，又遇到一次有史以来最大台风，台风强度比 8 月的台风更甚，8 月遭遇台风以来所有的努力再次被毁。两次台风造成停菜近 90 天，设施的修复花了近 50 万，还有几百万棚内蔬菜的损失。

2016 年也是经营模式发生很大变化的一年。四季分享初期基于 CSA 理念运营并通过口碑相传发展会员，基本是根据农场的生产情况确定给会员的配送品种，会员所在的地址也基本保持每周两次固定时间的配送。但在 2016 年这一切发生了很大的变化，全面将“配菜”改为“选菜”，全部放开了配送时间，只要会员在规定时间内点菜，礼拜一到礼拜天都可以配送。这种模式的调整，目前还不好下结论是好坏对错，但给经营带来的压力是明显的。

2016 年下半年，现金开始紧张，特别是两场台风之后。从 10 月开始，发动会员提前续费，也启动了新一轮的消费众筹，春节前基本解决了资金缺口。到 2016 年底，会员数量达到 2047 个，销售额 1156 万元。

6. 2017 年

2017 年对四季分享来说，注定是不平凡的一年。

这一年的气候很好，并且有一个很好的开局，春节过后的 3 月，现金收入和销售都很不错。

这一年，生产团队的价格体系和独立核算机制初步建立。年初确立了根据季节变化与外省有机农场合作补充本地蔬菜品种和数量的不足的方案，附加产品的销售额首次超过了蔬菜的销售额。

2 月份开始的电商和地推，虽然进展非常艰难，但也前后做了半年多的铺垫，如果不考虑效率和成本因素，可以说为 2018 年的社区推广打下了一定的基础。

由于外购产品的增加，每月多了几十万的采购资金需求，但在四季分享的预付费模式下，销售的增长不一定带来现金流的增长，预付费作为前期投入，很大一部分销售额相当于归还预付款。而新增会员带来的现金流和销售产生的利润不能涵盖归还预付款的数额，造成销售额带来的现金流为负，因此现金流紧张状况几乎贯穿了 2017 年整年。这也对现金流的管控和成本控制带来新的要求，综合来说是对农场的运营和管理提出了更高的要求。

2017 年年底，农场会员总数 2864 个，销售额 1464 万元，年度销售额首次高于现金收入。

（四）与老张聊有机（媒体访谈）

2014 年 5 月 10 日，有机会网记者张茜采访了四季分享大掌柜张和平，以下内容是记者根据访谈录音整理。从记者访谈和张和平的应答表述，可以看到张和平对有机的认识以及他心中的“有机梦”。

有幸跟随张和平老师一道前往四季分享有机农场，并与他面对面坐下来，伴着一杯茶、一些不同种类的有机番茄，开始了我们之间的对话。张和平老师乐于分享，观点犀利，语气平缓。在有机行业摸爬滚打了十几年，做顾问也好，自己建农场也罢，他不过是希望通过实践，探索出一条可行的有机路。

消费者的信任和黏性是四季分享存在的基础。四季分享的会员，以家庭直接消费为主，也不乏一些大型企业作为员工福利引入，如腾讯、国民技术、恒大、德赛等。会员来源除了众筹消费者的介绍，还有张和平老师以前农场的消费者，慕名跟着成为四季分享的消费者。

“不能让消费者一直包容你，你得问自己给了消费者什么。”张和平老师始终站在消费者的角度去理解有机，他对中国 CSA 的发展也有自己的一套见解。他的观点是：有机菜不是歪瓜裂枣。我们的老祖宗以农业技术而自豪。秦始皇派军平定岭南，后又派人开垦荒地，带的是什么呢？是种子、农具，至此，广东才成为了开化之地。除此之外，有机农业的产量并不低，“我们种的水稻可以超过常规农业，我们种了 10 多年大白菜，今年终于种好了，1 亩有 1.2 万斤，因为我们有一个种白菜很在行的人。农民种菜不是家家都一样，老王家种大萝卜厉害，老李家种黄瓜厉害，老宋家辣椒种得好，让一个农民把所有的技术掌握到最好是无比困难的。”

四季分享将生产队伍分为 11 个品种小组，每个小组负责 3~4 个品种，最多的负责 6 个。这样，可以让每一个品种得到最高的产量。“比如我们这里种大白菜厉害的，他只知道种一季白菜，不知道深圳这里还可以种早熟品种、晚熟品种等。通过指导，他还能进步。”今年，张和平老师仍在不断树立产量指标，因为还有太多品种大家不会种，或者种得不够好。

谈到如何管理农民，张和平老师有些无奈：“我们把种菜能手找回来，他们对社会不信任，是很难管理的，我们只能先树立典型。当他们看到真的有人获得了高工资的时候，才会相信并加入我们。”农民学会了应付社会，他们很会“哄”这个社会，因为他们长期被这个社会欺骗。“2003 年国家才把农业税

◎农场管家和孩子

取消，农民前半个世纪在饿着肚子纳税，但一点纳税人的待遇也没有，好学校、好医院都不在他们身边。社区支持农业成为民间改变社会的一股力量，这其中有机会，但推动起来会很难。大家都不知道农民对这个社会有多么的不信任。”张和平老师又强调了一遍。

农场用了一年的时间把各种关系理顺。“因为我们在这里，村主任选举都很容易，十几分钟就选完了。”张和平老师还发现，中国多数 CSA 农场中真正的生产者与消费者之间是没有关系的，只有农场的明星人物大家才认识。四季分享想要做到的，是尊重每一个生产者。比如，管番茄生产的马叔，番茄包装袋就会印上他的头像，消费者去农场可以随时找他聊天，四季分享的微信里也在讲关于马叔的种植故事。“我们希望让消费者、生产者感受到我们只是组织者，并不是完整的生产者。CSA 模式到了中国简单理解成美国的就不行，美国农民不自卑、不痛苦，但中国农民不一样，从文化上、社会环境上，我们必须稍稍多用点心。”

四季分享的生产骨干，不出意外的话，每月收入可以过万。农场有一位广西农校大专班毕业的技术骨干，副经理级别，基本工资接近 5000 元，主要负责甜玉米和小青瓜，一个月生产几千斤，按照农场的激励机制，1 斤玉米有 1.2 元的奖金，累计下来差不多有 4000 多元，基本工资加上奖金就过万了。技术骨干手下配有四五个干活儿的农民，据农场客服罗小姐讲，技术人员比农民更爱种地，而且他们会主动拿出自己奖金的一部分激励农民。张和平老师说：“让具备农业专业知识的大学生成为绿领，他们有别于技术蓝领，挣的钱不能比都市白领少。为什么是绿领？因为他们是脚踏实地的环境工作者，他们把有机作为自己的信仰，他们日复一日的劳作都是实实在在的环保行为。所以，绿领要成为一种职业，而且是一种高尚的职业，必须让他们有匹配的尊严和收入。”四季分享农场的大学生有十多个，其中不乏硕士毕业生和在读研究生。

这两年有机的发展与食品安全有关，与保护生物多样性、保护土壤却没有直接关系。“99% 的有机企业为了食品安全在做事，很少有人关注到有机发起的初衷。”张和平老师的观点与笔者不谋而合，他直言道：“从事有机（事业）必须讲诚信，但许多有机企业老总的目光比较短浅，急功近利，没有花心思在建设农场上。面对终端消费者，一些有机企业的蔬菜多来自外采，反正不上超市货架就不需要贴防伪码嘛！”

张和平老师看好有机的未来，但他更寄希望于优秀的企业家来推动有机的发展。“市场机会很好，是有机人没有做好。”张老师对中国的有机企业恨铁不成钢，“有机需要有好的企业家来做，他必须具备有机功底，对企业家的素养要求很高，还需要有雄厚的资本支撑。”现阶段的中国，有机农场多为 200~300 亩的小基地，而张和平老师认为，小农场大家都在做，树立不出一个享誉中国的有机品牌；有机需要成规模发展，降低成本，按照市场的游戏规则，以企业化、市场化、规范化的方式运作。“一年一万元的消费在任何家庭已经不是重大决策了，CSA 不应定位在高端客户。高端客户不会买有机菜，他们有自己的解决方式，例如私家定制或农场特供。我们的客户应向下辐射，找到一群有经济实力、有稳定收入、理念又十分超前的阶层。”

如今的有机圈大家都很重视营销，自媒体、跨界合作等营销手段五花八门，张和平老师却认为有机营销走错了方向，因为“这是商业营销，不是有机营销，因为没人信任你。”但他对市场的预估是乐观的：“人们对安全食品、有机食品的需求将会有爆发式的增长，有如香港奶粉一样。人们对安全食品的追求将不计成本，价格不再是问题。”

有机能够解决这一群人的问题：他们不愿意承担更多社会责任，也不了解什么是社区支持农业，但他们愿意付出真金白银消费（购买安全食品）。我们透过消费间接完成理念的传播，向更多人辐射，“用消费者带动你的理念（推广），而不是让你的理念带动消费者”。张和平老师特别指出：“不要一开始就教育消费者，而要让他们自己对这个模式感到好奇并产生兴趣后再分享 CSA 理念，这样，就不会吓走他们。”

如果不是依靠市场或消费者的力量去推动有机，而是依靠

◎农场会员活动

慈善、依靠 NGO 或 NPO，那么，有机的发展是不可持续的。

（五）四季分享经营模式的发展变迁

四季分享起源于消费者众筹的“乡村物语有机农场”，最初的定位是消费者自己的有机农场，经营上尽可能去商业化，并且明确约定农场经营不以盈利为主要目的，只求可持续发展。成立至今，农场一直遵循 CSA 原则，基本做到了农场种什么，会员和庄主（众筹股东，以下简称“庄主”）吃什么，不论是庄主还是会员，都对农场的运作给予了很大的支持和包容。为了庄主和会员有更好的体验，农场也是尽可能丰富蔬菜品种，2014 年全年种植的品种达到 138 个。

2014 年之前，四季分享的品种搭配都是通过“配菜”由农场管家确定的，会员提出他们的“忌口菜”和“喜好菜”，农场在配菜的时候以此为依据。固定配送线路时间，会员和庄主在消费时不需要（也没有）选择，是那个时期的特点。尽管消费者的选择余地很少，但因为共同认同的 CSA 理念，与农场的互动很多，信任度也很高，“产品、服务、体验”作为管理团队三大核心工作目标在这一过程中得到落实，预收现金收入、销售收入和会员数量等农场各方面指标也在不断向好，但整体发展速度并不快。

在最初的众筹方案中，也考虑到了管理团队的发展，主要是通过技术和管理输出，但在实际操作中，很难界定标准和收费，管理团队的发展路径就此陷入困局。

2015年以后，团队运作方式做了一个很大的调整，根本性的改变是引入“点菜系统”，会员消费从“配菜”逐步改为“点菜”，配送时间也全面放开，没有了以前的一四、二五、三六线路，所有的家庭只要点菜，礼拜一到礼拜天都可以配送。

2016年以后，因为连续几年受气候条件的影响，夏秋季几个农场的生产非常不稳定，会员体验很差。2016年开始，在夏秋季广东地区蔬菜生产淡季，补充云南、山东、江苏等地有机农场的蔬菜品种，在改善会员体验的同时，也在理念方面产生了一定困扰，CSA强调在地生产和消费，四季分享也一直宣传倡导“食在当地、食在当季”。这期间，四季分享也对消费理念等进行了梳理，CSA农场也好，有机农场也好，根本的出发点是通过消费支持环保，但在华南地区不适合种菜的季节，如果还是“当地当季”，可以说是逆天而行，不经济也不环保。从更大的范围来说，只要消费者消费了有机，对国内其他有机农场也是一种支持。

2016年以后，四季分享有了2000多户长期消费的会员，但根据消费数据，有机蔬菜的消费量并没有同步增长，会员消费实际上表现出的是对多元化有机产品的需求。在这一背景下，四季分享逐步引入有机水果，有机肉、鸡、蛋等，2017年非蔬菜产品的销售额已经超过了有机蔬菜的销售额。

在引入外来产品时，四季分享采用了“有机再认证”的体系，尽管所有外来产品都是认证机构推荐，但上线之前还要履行现场考察和样品检测，样品不仅仅包括食用的产品，还包括树上的叶、地下的草，全部要混合打样送检，因为真正的有机农场连草也必须是有机的。虽然这样做的成本很高，但确保了产品品质，到目前为止，还没有出现一单产品品质问题。

（六）未来怎么走

四季分享作为国内第一家消费者众筹的有机农业企业，从它诞生起就受到了业内同行的关注，四季分享的发展历程以及商业模式的变迁，都是大家关心、关注并且希望学习借鉴的。

每个企业都有自己发展的内外因素，或者是各种因素合力的结果，四季分享的诞生和发展，也是这样。从四季分享成立的 2012 年到现在，国内有机行业也在快步发展，有机的市场和消费群体快速成长。四季分享坚持做严格意义上的有机，在产品标准上不打折扣，某种程度上给自己的业务发展增加了障碍，但也聚集了一群钟爱有机的消费者，有好多消费者从 2013 年开始跟着四季分享吃有机直到现在，堪称四季分享的“铁粉”。

回顾四季分享成立至今，消费者的支持和自己的坚持都是不可或缺的。这些年来，很多经验值得总结和发扬光大，同时也有很多教训值得反思和改进。

四季分享建立初期，通过众筹以及众筹者带来的纯消费会员，和四季分享之间产生了“强关系”，这种“强关系”表现在消费者在有机消费上对四季分享的信任甚至依赖，这种“强关系”在建立初期的很长一段时间内，对四季分享的运作和发展起到了非常重要的作用。同时，四季分享大掌柜张和平老师对有机的认知及在有机行业的影响，也和这种“强关系”产生了相辅相成的作用。

后来，由于市场环境的变化和管理团队自身的发展需求，这种“强关系”产生的高势能，对四季分享的发展产生的正面推动作用没有持续到现在，或者说没有完全地持续到现在。更为重要的是，当这种“强关系”及其产生的高势能在逐步消逝的时候，并没有及时发展出一种替代的关系，导致近几年消费者对四季分享的发展推动，远不如初期来得直接和可感知。

作为一家基本没有资本投入的农业企业，在多年的发展历程中，没有形成造血能力，本身是非常脆弱的，生存和发展很难在经营中得到统一。同时有机行业的市场环境和消费情绪还在不断成长成熟中，作为这样的企业主体很难做到引领市场或者主导市场，“生存”应该是企业第一战略。只要自己还在这个行业存在，市场的发展会自然地给企业带来空间，如果解决不了生存问题，很容易就倒在了“黎明前的黑暗”中。

四季分享 2014 年引入了“泰康农庄”，使种植规模扩大了一倍以上，后来还纳入白马农场、火龙果园等，可以说四季分享很早就开始“扩张”了。除了种植规模的扩张，经营理念上也从最初的 CSA，后来先后引入自然教育、食育教育、乡村建设等理念，并先后做了一些投入。但不论是种植规模的扩张还是各种理念的引入，都没有完全达到预期的效果，反而因为各种投入，使得本已经非常脆弱的现金流更加紧张，间接导致很多基于主业的工作因为资金的限制没有落实。经验表明，如果缺乏对自身模式和能力的客观认识，对企业和行业未来的发展过于乐观，很大程度上会伤害主营业务，最终也会伤害农场整体的发展。

从四季分享自身的角度来看，切实可行的目标、尽可能完善的内部治理、成本控制和盈利能力的打造，以及对自身的理性认知和有效克制盲目扩张的冲动，这些都是同类企业生存和发展的根基。管理团队就像驾着一叶扁舟在风浪中前行，稍有不慎和非理性的抉择，很容易将企业带到万劫不复的境地。当行业春天来临的时候，一定要确保企业自身有足够的能力和自持力（耐力）去迎接春天的到来。

通过前面的分析和论述，未来怎么走似乎已经有了回答。从外部环境来说，有机农业的春天已经离我们越来越近了，不论是国家提出的“乡村振兴战略”“人民对美好生活的向往”，还是近期多路资本竞相投入农业，都已经昭示着几年前业内同仁期盼的“春天”就要来临。

不论从自身体量和增长速度，还是从经营发展的角度来看，与其依靠自身艰难地滚动发展，不如借助外部力量得到一个质的飞跃。这时候需要抛开狭义的情怀，从最高的战略层面做决策，将企业发展与对社会的贡献结合起来，从而形成自身有影响的软硬实力。就像中国提出的“一带一路”，如果没有国家强大的实力作为依托，最终就会成为一句空话，也不会得到其他国家的认同。

抛开所谓“发展”的顾虑，唯一应该聚焦的就是“生存”，如何在财务上控制好成本、保持有一定的现金流、实现销售环节的收支平衡甚至盈利，消除不必要的资源消耗；在公司内部治理上梳理流程，提高运作效率，提升员工履职能力，建立公平公正的工作环境等，是生存的需要，也是引入外来资本时获得话语权的需要。

当春天来临的时候，能够健康地活着，才能沐浴春风春雨健康地成长，相信这一天就要到来了！

祝福四季分享及所有员工，祝福有机的同行们！

张斌　四季分享有机农场

七

架起城乡的桥梁

浙江杭州太阳公社

太阳公社想要探寻可复制的理想社区农业模式——“希望城里人与做实际生产的农民之间，有更多的情感连接，消费者知道食物从哪里来，生产者也知道自己为谁而生产，农民也能因此实现增收。”陈卫说，“我们试图在一片美丽淳朴的土地上，建起一个全新的农村，让村民以有机种植和养殖的方式生产，让土地生生不息，可以代代相传；我们渴望用安全食品，滋养自己的下一代，善待自己的身体；我们想要重获回归乡村、回归自然怀抱的机会。”

绿草青，稻米香，牛羊欢，蟾蜍鸣。这里望得见山、看得见水、记得起乡愁。太阳公社的这一切不是“乌托邦”，是正在构建的一个生产、生活、生态“三生和谐”的理想家园。

（一）初见太阳公社

2014 年春天，已是不惑之年的陈卫决定在浙江临安的太阳镇开一个农场。先不说这陈卫想要颠覆国内现有农场的运营模式，只说说他的愿望：这农场一定是要温暖的，让每个在里面的人和每个来这儿的人都会觉得心是暖的，有一种久违的亲切和舒适感，能在这儿找到那么点幸福的感觉。所以他更愿意用生活来表达这件事，而不说是创业，因为在他看来，做太阳公社更像是在圆自己的生活梦。

1. 不惑——太阳公社和他的梦想

陈卫出生在一个农业世家。父母都是农大教授，母亲专注于大麦种植研究，姐夫则是水稻博士。记忆里，自己打小就是跟着母亲在稻田里长大的。他说，虽然学了经济管理，但做有机农场是理想。陈卫坦言，自己曾在杭州某大型农场有过四年运营经历，已是纯粹“地里人”，和老乡聊起天来，火热热的。

◎陈卫

陈卫最初只有一个极为单纯的想法：“找一个小山谷，养有机猪，吃放心肉”。但这却让合作伙伴虫子倍感压力。虫子说：“因为有机两个字，说起来容易，但是运作起来很难，现在猪都是抗生素堆出来的，如果不用的话，出现问题，所有前面走过的路都将前功尽弃。在找地的一年里，一直犹豫到底要不要阻止他养有机猪。但是后期呢，他（陈卫）毅然决然地把他的房子卖了，相当于破釜沉舟了嘛。”正是因为陈卫这种不畏困难的韧劲，一次次打动了身边的人，也让他的农业梦想逐渐成为现实。

2. 遇见——太阳公社和他的土地

“是土地找到了我们。”

这是陈卫常说的话。在遇见临安太阳镇这块地之前，陈卫派出的一个优秀小团队已在江浙大地上寻找了一年，只为找到一块符合农场标准的地。这片土地需要有很多个小山谷，这样可以让猪和鸡都得到各自独立又放松的空间舒展。这片土地需要有连绵的稻田和菜地，这样可以让生产变得方便同时又很有诗意。这片土地需要有清冽的山泉和清澈的水库……

他们最后敲定要在临安的太阳镇上建立他们理想中的农场。陈卫坦言，太阳镇吸引他的原因还有一个，就是民风淳朴。他说：“在确定这块地之前，我特地到村里的 5 户人家做了考察，我得到了五杯茶和两盘瓜子。”

太阳镇双庙村的这片土地就在他们的不断念想中，被人推荐了上来。公社是一个很美好的词，它是理想的代名词，太阳更是一个美好的名词，而公社的名字也理所当然地被冠以太阳公社，一个充满意象的名字。

3. 永续——太阳公社和他的农场梦

“同样是一只苹果。如果你吃的是 1934 年产的苹果，苹果的铁元素相当于人体的 50%，那么到 1993 年，你必须吃 20 个苹果才能达到这样的效果。如果换成西红柿呢。这个比例要变成 1 : 1900！这是台湾有机协会的研究成果，也就是说大家每天吃的食材质量在大大下降。”这是陈卫经常和别人分享的话。

这种结果的形成原因很多，但对于土地的过分索取肯定是主要原因之一。

人们对于土地的概念从来都是大地母亲，不停地索取，不停地破坏。所以，人们见到了板结的大地，见到了被各种重金属污染的大地。

这样的土地在陈卫看来，怎么能和那些古诗词中的景象发生关联呢。他说，真正的土地踩下去是可以没过你脚踝的，松软，有泥香。抓一把土起来，手里能感觉到生机和温暖。

于是太阳公社要做的事很明确——做永续农业，让这片土地生生不息，可以一代一代地传下去。

于是太阳公社种出来的粮食亩产只有六百斤到八百斤，因为几千年来，按照自然农法，不打农药，不施化肥种植出来的水稻就是这么多产量，这样的米吃起来才香，才有营养。这个道理很简单，一片土地就这么多肥力，就承载这么多阳光雨露，分的多了，自然就差了。

于是太阳公社种出来的菜是慢慢地生长的，不反季节，不快速生长，会有虫眼儿，不能保证高产。但会是你小时候吃过的味道，就是白水煮煮就会美味的那种。

于是陈卫他们发愿，当这片土地交还给土地的主人时，应该是充满土地的芳香，软软的松松的暖暖的，这是可以让子子孙孙都喜欢居住的土地。

4. 瓢虫——太阳公社和他的农场哲学

太阳公社有一个很酷的标志：七星瓢虫。

那是太阳公社当家人陈卫的最爱，于是这种爱就成了太阳公社的标志。当然光有爱，并不是成为标志的理由。还因为瓢虫是田里最重要的昆虫，只是现在的田间地头，七星瓢虫正在因为农药的出现而越来越少。

显然，陈卫对种出有机食材的渴望，寄托在了小小的七星瓢虫身上。太阳公社的标志，就是经过艺术渲染的七星瓢虫图案。山谷里的石头，公社驻地的墙壁，随处可见这个鲜明的标志。图案的红与黑，全然不同于大地山谷的色彩，却分明传递着某种信息。

陈卫有一次在田间巡视时，突然停了下来，用手机拍下一只虫子的照片，马上叮嘱身边助手，赶快传给农大的昆虫高手们，查一下这是害虫还是益虫。回身他对助理说："地里有两百多种虫子，其中 95% 是益虫，只有 5% 是害虫，我们要做的就是以虫治虫。"他眨了一下眼睛说，"并不是不打农药就等于什么都不做，而是要靠食物链。"

于是在太阳公社的稻田会有共生的鸭子，从秧苗开始，小鸭子就进场，吃着虫子和杂草。鸭和稻就像一对异姓兄弟一样，一起慢慢地长大，直到稻穗低下了它的头，美味的鸭稻米就这样种成了。

大自然就是这样美妙的世界，你掌握了自然的秘密，就可以享有自然的馈赠。

5. 美好——太阳公社和他的美学观

太阳公社还没完全建好时，就已经有点小名气了。

就是因为它的猪舍。

这间由著名设计师、美籍华人陈浩如设计的猪舍被称为最有设计感的猪舍。青竹、村边溪里的鹅卵石、路边的黄土，完全取自村里的建材，在设计师的奇妙组合下，组成了一间超有美感的碳排放零足迹的猪舍，并参加了 2014 年的威尼斯建筑双年展。

每个见过太阳公社猪舍的人，都会提出同样的感慨：在这样的地方生活的猪太幸福了。猪均面积大也就算了，关键还是大师设计的景观房，配泳池，配庭院。喝的是泉水，吃的是有机食材，且 24 小时天然氧吧供氧，空气清新系统和污物处理系统也都是一流的。

（二）太阳公社种养殖模式探索

太阳公社地形狭长，所有的稻田、猪舍、鸡舍、兔子谷、羊谷都像树干一样，以一条长 3.6 公里的公路为轴向四周延展。公社有条不成文的规定，以路口的石桥为界，汽车不得跨桥。步行与搭乘越野电瓶车是进入农场仅有的两大途径。陈卫说，这是出于保护环境的考虑。

1. 养殖模式的探索

太阳公社的猪，绝对是一大亮点。这里的猪不仅听得懂锣鼓、哨子口号，还不怕人。猪舍是太阳公社较早完工的区域之一，为了让猪有一个良好的生长环境，陈卫专门拜托中国美院美籍教授陈浩如来设计猪舍。在设计时，设计师首先考虑的是自然材料充沛与否，场地周围的山坡上竹林茂密，生长着一人多高的茅草，为猪圈提供了主要材料。冬季的毛竹不易虫蛀且材质坚固。经竹匠判定，靠冬竹搭建的构筑物，在经过合适的遮光和防水以后，使用时间可以达到五年。竹子和茅草搭在一起，使用倾斜的屋面，让雨水沿着茅草的细秆流入用竹筒制作的天然排水管，最终落入农田的泥土中。

茅草因内部实心坚硬而成为传统屋面防水材料。编织时要考虑水势方向，同时要透气。“可呼吸性”是传统建筑的重要法则，要求建筑物室内和室外的空气可以顺畅流通，由此自然材料可以保持相当程度的干湿度和弹性，使建筑物得以持久。

屋面设计不能采用工业防水层的做法，因为防水层的密闭会导致底层茅草迅速腐烂而无法持续。茅草片的导水构造在防水的同时要保持透气，空气得以从建筑内部上升流出屋面，在雨后加速吹干茅草。茅草需要每年加厚。

整个猪舍，包括室内和室外，占地 10 亩左右。室内分为猪群的宿舍区、喂食区、卫生间、喂水区（自动饮水），并配合猪群的活动路线设计了独立的饲养员过道，既方便投料又可最少影响猪的活动。猪舍的室外活动场所包括轮牧区、游泳池和游乐场。到了放风的时间，黑猪们集体来到大院子里，在游泳池里游游泳，在泥地里打打滚，这里拱拱，那里蹭蹭，它们会在土壤中挑选它们需要的微量元素。这些黑猪一日喂食两次有机玉米粉和麦麸，配上公社种植的麦草或猪草，喝过滤过的山泉水，再加上充分的运动，就会长得非常好啦！它们如果生病了也不会用抗生素，只需要给它们吃点公社特地为它们种植的中草药就好了。这些黑猪至少要养够十个月才会陆续出栏。舒适的环境和音乐、健康的饮食和水源、适当的运动、合理的生长周期，让这些拥有野猪基因的黑猪生活得非常幸福。养猪的杨师傅经常说："这些黑猪简直比我们人还要幸福呢！"而且每当杨师傅见到这些黑猪，都会非常开心。因为养好了这些黑猪，就可以给城市的消费社员提供健康的猪肉，还可以很自豪地和他们讲述自己和这些黑猪的故事。

除了这些幸福的黑猪以外，太阳公社的鸡舍、羊谷，也都留给动物很大的活动空间。陈卫说："动物不开心，肉就不会好吃！"

鸡舍建设在山谷尽端的农业小水库和北侧山地之间夯实的平地上，由小细木均匀插入地面形成浅基。木基的顶部以毛竹搭出一个平台，两个 8 米 ×8 米的竹构单元置于其上，形成一个开敞而结实的结构，屋顶为竹瓦构造，简单快速，对结构起到稳定作用。竹构内部高挑宽敞，密布杆件，可容纳禽类栖居其上。依山傍水的自然环境、源于自然的食物、开放式的自由空间，给生长在这里的贵妃鸡和黑鸡们提供了舒适的生长条件。

太阳公社给了这些动物们足够的尊重和关爱，虽然最终它们也是难免一死，但至少活着的时候是快乐的。

太阳公社不仅对动物很友好，对生产社员也是十分友善。负责养殖黑猪和贵妃鸡的杨叔和罗阿姨，都是村里的养殖能手，两个人除了负责养殖以外，还经常接待前来参观的客户，与客户分享他们的感人故事。罗阿姨常说："公社给我一份有责任的事情，那我就大力去做吧！"他们不仅做得很开心，收入也是很可观的，按工资计算，一年下来差不多有 3 万 ~4 万元的收入，平时再做一些零工，一年的收入也有好几万。

2. 水稻种植模式

太阳公社一共拿到近 500 亩土地 20 年的租期。签约时，当地农民甚至愿意以相对较便宜的价格把地租给他们。探其原因，和陈卫把日本农村的见闻告诉当地农民有关。“日本农民几乎祖辈种什么，他们就世世代代种什么，不会改变品种。他们对一个品种的理解、熟悉简直是无懈可击的。为什么我们的农民不可以？”

太阳公社旨在打造“信任”农业，使生产者、消费者相互建立“信任”，以双庙村为有机生产种植基地，并推行以家庭劳力为主的“家庭农场”生产单元，在保护当地环境、保护村民身体健康的前提下带领参与经营的村民致富。

（1）水稻种植合作方式

①主要合作方式是以家庭劳力为主的“家庭农场”承包制，每位生产社员承包 20 亩左右的水稻田。

◎丰收季

②太阳公社免费提供生产土地、种子、有机肥、生物制剂等农资以及鸭苗。不定期组织生产社员进行有机知识培训，并对在有机生产中遇到的问题进行帮助和指导，按照合同约定的价格回收全部合格干燥稻谷。在发生重大自然灾害导致水稻绝收以及严重减产时，太阳公社会与生产社员共同全力抢救以减少损失。

③生产社员只能单独承包种植，不得外包，需要根据太阳公社要求进行生产并及时采收入库，包括稻田役鸭的饲喂和管理（鸭苗由太阳公社提供）。水稻生产及采收入库所有工序由承包者完成，所有工序太阳公社不单独支付报酬，全部按照水稻回收价格统一结算，并承诺在生产过程中不使用任何化学合成的肥料、农药、植物生长调节剂等。

④双方根据季节及种植茬口共同协商安排生产，生产社员需要在指定时间内完成生产、管理、采收任务。

（2）生产社员工作职责

①生产社员需要完成从水稻田整地到移栽、除草、防病、收割、晾晒、饲喂稻田鸭等各工序，并按太阳公社要求将干稻送至指定仓库。

②生产社员在生产过程中，需要严格遵守有机生产规定及基地生产规定，对于使用的种子、有机肥等物资，由公社统一采购，生产社员负责物资的看管，丢失的需生产社员照价赔偿。

③由于在种植过程中不得使用农药，太阳公社会采取稻鸭共生模式解决杂草问题，对于鸭子在稻田的喂养及安全管理，需要生产社员负责，搁田后太阳公社按 10 元 / 只回收。稻田役

鸭的饲养饲料由太阳公社提供，生产社员主要负责田块四周的打桩、围网、鸭子日常饲养管理等。

④生产社员还要配合太阳公社的其他工作，包括客户体验插秧、收割，媒体采访，水稻品种试验、有机肥试验等。

⑤生产社员需要准时参加太阳公社组织的每次会议和培训，发生不到、迟到、早退等情况一次扣 100 元（公社将提前通知生产社员，生产社员有事可以请假或由亲人代替）。

⑥生产社员需要监督插秧、机耕、收割、平田等环节，以保证水稻的产量。若由于这些环节失误导致水稻的减产，由生产社员自己承担。

⑦为了增加土壤肥力，提高水稻产量，太阳公社每年会提供紫云英种子，生产社员负责撒播。

（3）质量要求及标准

太阳公社有权对生产社员提供的产品进行检查，经检查如任何产品有农药残留，经核实是生产社员不按有机规定操作的，需要罚款 5000 元人民币，没收全部水稻，立即解除合同，永久不能参加公社任何项目，损失过大影响到太阳公社品牌的，须追究法律责任；同时，由于太阳公社稻谷收购价远高于市场普通稻谷价格，若发现生产社员将普通稻谷混入有机种植的稻谷中，处罚方式同上。

（4）种植回收价格及原则

在生产社员履行合同全部条款的前提下，太阳公社根据生产社员的产量支付报酬。生产社员水稻种植平均产量达到 600 斤 / 亩时，太阳公社按照 850 元 / 亩的标准支付劳动报酬；平均产量低于600斤/亩的，太阳公社按照实际产量与600斤/亩的比例支付（例如500斤/亩，收益为500÷600×850=708元）；产量高于600斤/亩的，太阳公社按照850元/亩支付劳动报酬，并且超出部分太阳公社按照3元/斤回收稻谷。

（5）稻田艺术

太阳公社不仅用有机的方式去种植水稻，照顾土壤，还会用它们进行艺术创作，以吸引更多人关注照顾土壤的重要性，也以此表达对土地的热爱。陈卫一直有一个愿望，想要在这条3.6公里长的山谷里，来一场艺术盛宴——稻田艺术节。稻田画是其中一个部分，这些稻田画不仅具有独特的艺术性，还颇具内涵。第一年的稻田画寓意是"带上孩子，走进田野，亲近自然"，这也是陈卫想要带着自己的孩子去做的事情。当初为了实现这个有机农业梦，陈卫不惜卖掉了自己的房子。因为他知道，他的这个梦想不仅仅是他一个人的，他希望有更多的农民和城里人能够互相支持，让农村生活更富裕，让城市生活更健康。第二年的稻田画——《耕作图》所表达的，是中国几千年来的农耕文化，需要所有人去传承和保护。陈卫一直在用自己的方式去实现这些理想，他的行动也感染了很多当地农民和刚刚毕业的大学生们。农村需要新鲜的血液，太阳公社通过努力，让这些都变成了现实。

（6）稻田鸭合作方式

太阳公社按照10只/亩养殖密度给生产社员提供鸭苗，并且提供围网和饲料（主要是有机玉米）；生产社员负责对现有鸭棚的维护加固，田块四周围网、打桩，并且按照公社规定的饲

◎稻田养鸭

料投喂量饲喂管理鸭子，在水稻生长到了搁田时期，生产社员负责将鸭子送至太阳公社规定的地点，太阳公社按照 10 元 / 只回收所有鸭子，不单独支付围网人工的费用，生产社员围网需要的竹子可以去太阳公社指定竹林砍伐。生产社员在养殖过程中，若发生鸭子大量死亡，需及时汇报太阳公社管理人员，太阳公社将适当减少所需饲料。若生产社员发生谎报、瞒报鸭子数量，将饲料挪作他用，私自截留鸭子等情况，将罚款 2000 元，并没收全部鸭子。

（7）丰歉基金

太阳公社为保证生产社员的生产积极性，特别设立了丰歉基金，用来保证生产社员的基本收益。丰歉基金资金来源分为两部分，一是消费社员，二是丰收的生产社员。每年太阳公社会拿出一部分资金作为丰歉基金，另外丰收的生产社员也会拿出一部分基金，来补贴给歉收的生产社员。这种大家共同承担风险的方式，极大地促进了农民的积极性。

当出现流行性病虫害、地震、台风、水灾、冻害、火灾、战争、政府行为或其他不可预见的自然灾害或人为灾难导致水稻绝收或严重减产时，若达到5个以上（包括5个）生产社员亩产均低于500斤/亩这种严重程度，太阳公社会支付生产社员850元/亩的保底费用；否则太阳公社将按照生产社员的实际产量进行结算，若亩产低于350斤/亩，太阳公社会支付给生产社员500元/亩的保底费用。

3. 蔬菜种植模式

由于蔬菜种植的周期长短不一，操作起来比较难，为此太阳公社尝试过几种不同的合作方式。以下是两种比较值得借鉴的方式。

（1）家庭农场承包责任制

①承包方式：太阳公社向承包者提供种植指导及部分农资，并承诺回收承包者按规定生产的全部合格产品；承包者应根据太阳公社要求进行安全生产，并承诺在生产过程中不使用任何化学合成的肥料、农药、除草剂、植物生长调节剂等；基地所有蔬菜均属于太阳公社所有，承包者不得未经太阳公社同意私自将蔬菜带走。

②生产种植：承包方按照太阳公社生产计划进行种植，种植的品种、时间、面积、使用的农资数量由太阳公社确定。太阳公社提供有机蔬菜生产所需种苗、有机肥等农资给承包者生产种植使用。如果承包者不按太阳公社要求使用农资，太阳公社需要对承包方进行处罚。例如使用的肥料过多，超过部分按每包肥料扣钱。

③生产管理：生产管理由承包方负责，太阳公社给承包方提供技术支持，太阳公社不对承包方进行生产管理，承包方工作自主安排。太阳公社提供有机蔬菜生产需要的保温材料，生物制剂及其他防治病虫害的技术等。

④采收：承包方需按照太阳公社的采摘标准进行采收。采收的产品根据级别进行入库，不同级别和品种的蔬菜按照不同价格进行结算。如承包者采收时间超过约定的时间后，太阳公社可拒绝回收超时的蔬菜。

⑤承包收益结算方式：承包者收益按月结算，按照当月产量进行计算，另外没有承包产量部分按用工量结算。承包收益次月 15 日发放。

⑥承包原则：太阳公社可对承包方采收的产品进行检查，发现任何产品有农药残留，需要罚款 5000 元人民币，没收全部蔬菜，立即解除合同，并取消其今后参加任何公社项目的资格。

⑦案例小结：蔬菜种植采取的家庭承包责任制，虽然极大地促进了生产者的积极性，可以提高生产者的收益，但是由于蔬菜生产周期的长短不一和季节性，导致承包者每月的收益差别较大。另外，生产者需要较长的合作周期，才可以看到效果。还有家庭承包责任制需要对承包者的技术有较高的要求，需要管理者适当地管理和监督，是比较适合长期规划设计的一种合作方式。

（2）考核用工制

家庭农场承包责任制尝试过后，太阳公社又开始尝试“考核用工制”。为此，太阳公社在全村招募满足条件的生产社员。

进行考核用工制的初步尝试。

①生产社员招募条件：身体健康，无重大疾病隐患，有劳动能力，胜任田间蔬菜种植工作，年龄在65周岁以下。生产社员应在确保身体健康状况允许的情况下进行合理的农业劳作，对劳动生产现场可能出现的安全事故自行承担一切法律责任；太阳公社为生产社员提供一份人身意外伤害险，生产社员（或其指定家属）作为受益人，如发生意外事件，除保险公司按规定予以赔付款项以外，太阳公社不予以其他赔偿。

②用工方式：太阳公社统一安排生产社员从事蔬菜种植工作，生产社员必须服从太阳公社的管理安排，按照太阳公社的要求按时完成生产工作并遵守太阳公社的各项规章制度。工作时间采取8小时标准工时工作制，夏季上班时间为早上5:00~10:00，中间休息30分钟；下午15:00~18:00，中间休息30分钟；冬季上班时间为早上7:00~11:00，中间休息30分钟；下午13:00~17:00，中间休息30分钟。每月休息2天，休息时间原则上由太阳公社安排轮休，生产社员需服从安排；因其他事宜需调休，需提前一天向工作人员申请批准后方可休假。此外，所有生产社员有自己相对固定的管理区域。所有蔬菜大棚和露地种植区，按照面积大小进行分配，生产社员只需完成自己所管辖的蔬菜种植区域内的生产工作即可。按要求及时进行相应的农事工作，包括播种、间苗、田间管理、驱虫、防晒防冻、按标准采收等。生产过程中不得随意处理太阳公社的蔬菜，包括带回家里或赠送他人。管理人员会根据蔬菜生产情况，不定期为生产社员分发生产过剩的蔬菜。

③薪资与考核：劳务工资由 2000 元基本薪资 +800 元考核工资组成，因生产工作需要加班，按 100 元 / 天支付加班费。薪资每月发放一次，发薪日为次月 15 日。主要从工作态度、技术管理、工作完成度、采收标准等几个方面进行考核。

④案例小结：考核用工制度比较适合建设初期的合作方式。这种方式可以磨合生产社员和公司管理者之间的关系，为后续开展工作搭建一座桥梁。生产社员和管理者之间有更多的沟通和交流，为蔬菜生产提供了更多的便利条件。生产社员分组式的管理，也方便了后续的工作进程。不过这种方式不利于提高蔬菜种植的产量和品质，不能有效提高劳动生产力。

（三）太阳公社的 CSA 模式探索

太阳公社创建之初，陈卫只是想养中国最优秀的猪，没有想到最后会涉及那么多的农产品。而后面之所以又出现了那么多的农产品，完全是因为每一个来太阳公社的人的支持与推动。最初来看黑猪的人总是和陈卫讲：“是不是还可以有其他的农产品呢？比如蔬菜、鸡肉、鸭肉、鸡蛋等，这些都是现在的人们为了健康而需要的农产品。”慢慢地，这些农产品就都出现在了太阳公社肥沃的土地上。有了这些信任与支持，太阳公社又迈出了新的一步——探索 CSA 模式。

人与人的关系被陈卫视为农场成功的关键，他最开始提出了城市社员要与村民们结对子的设想。陈卫表示，他想要打造一个理想社区，社区里面会有两种社员，一种是农民这样的生产型社员，还有一种是城市居民这样的消费型社员。太阳公社招募的创始社员，会费是 3 万元 / 年。这些社员需要与当地的农民结成对子，每年到农场里面来分享一个话题，话题内容可以自己定。平常也需要和结对子的农户进行互动。未来，这两种社员将会相辅相成来共建这个社区。

太阳公社除了有创始社员，还有很多普通社员。每位社员每周都可获得 5 斤大米、3 斤猪肉、10 斤蔬菜、一盒鸡蛋，一个月 2 只鸡或鸭的供给。初始会员还能享受节日美食等福利。这些农产品全都来自公社的种植、养殖，每周以第三方物流冷链配送方式送到社员家中。按照 2.5 万元一年的价格来算，普通社员每天需花 68.4 元拿到这些农产品。当然，配送量会根据太阳公社的实际产量做相应调整。太阳公社希望实际消费的城里人与实际生产的农民之间有更多的情感连接，消费的人知道食物从哪里来，生产的人也知道自己为谁而生产。

太阳公社的消费社员都是以家庭单位，一般为 3~5 口人的家庭。太阳公社几乎可以提供除水产品以外的大部分食材。主要配送产品为各种应季蔬菜、黑猪肉、散养鸡、稻田役鸭、马啸牛肉、羊肉、鸡蛋、大米等。另外还有自制的四粮烧白酒、豆瓣酱、土蜂蜜、猪油、黑大麦、大麦茶等销售单品。

每户消费社员基本上一年都可以吃到一整头猪的所有部位。黑猪都是提前 24 小时左右屠宰，然后放冷库进行冷却排酸，之后再进行分割。宅配时是按不同部位分割，然后所有社员轮流配送猪肉的不同部位。包括前腿肉、后腿肉、五花肉、里脊肉、大排、子排、杂排、筒骨、猪脚、内脏、猪肉肠等部位，每周配送一次，每次3~5份，每份300g。

蔬菜大部分都是应季的，全年大概会有70~80种蔬菜。平均每周配送两次，两周内不会配送重复的蔬菜，每次均为三份叶菜（350g/份）、三份果菜（500g/份，部分果菜可以切配、如南瓜、冬瓜、包心菜等）。特别冷的1、2月份和特别热的7、8月份，蔬菜品种会比较少。再加上在包装过程中，需要对蔬菜进行等级分类，只有一级蔬菜才可以用于宅配，在特殊的季节，蔬菜产量本来就比较低，再加上品质一般，所以经常会出现断菜的情况。一般在这个时候，工作人员会和客户沟通，然后会和生产的同事们一起探讨解决方案。消费社员可以选择暂停配送，也可以选择接受质量稍微差一点的蔬菜，比如虫洞较多的叶菜。有一次，社员意外地收到了带着菜青虫的蔬菜，社员特别开心地和公社的工作人员联系，还告诉工作人员，他们要把菜青虫养起来。此次事情之后，消费社员更加相信太阳公社做有机农业的方式。和社员的每一次有效沟通交流，都会增加彼此间的信任和情意。

虽然宅配方式为消费社员带来了诸多便利，但是在宅配的过程中也会遇到很多问题。由于目前太阳公社还没有自己做物流，物流都是找第三方专业的物流公司合作，所以在物流上经常会出现问题，比如配送不及时、蔬菜出现冻害、肉类出现异味等。每当遇到这些问题，销售人员都要和客户、物流进行详细的沟通交流。虽然现在的生鲜物流行业已经做得很不错，但是对于农产品宅配来说，还是存在一些弊端。为了保证农产品能在24小时内到达客户家里，还是需要不断去改善物流环节。

CSA 模式在中国，还是需要慢慢进行在地化的探索。目前，蔬菜生产方面还面临一个很大的问题，由于有机农业生产的特殊性，很难做到比较合理的供需平衡状态。虽然可以根据需求进行有计划的生产，但是由于季节性、气候变化等因素，还是会导致供需失衡。据了解，目前太阳公社的供需匹配程度不到 50%，大部分品种是供大于求。且由于采收时间的限制，经常会出现错过最佳采收期的情况。CSA 模式虽好，但是实际操作起来还是需要进行在地化改进。

（四）农场里的自然教育

我们相信
如果你找不到老师
大自然就是你最好的老师
大自然告诉我们的
我们将一一告诉你

起初太阳公社并没有计划做自然教育，但是随着越来越多的人加入太阳公社社员的行列中来，而他们当中有一大半是为了孩子，他们不仅仅是为了孩子能吃上健康的食品，还希望孩子们能更多地接触自然。被城镇化的人们渐渐失去了和乡村的纽带，也让他们的孩子失去了和自然接触的机会。令人惊讶的是，很多孩子到了太阳公社后，第一次见到猪，见到羊，见到鸡，看着他们两眼放光地在村里奔跑，能让人感受到有机会融入自然时的开心与喜悦。

正是因为这些客户的建议和意见，太阳公社开启了它的自然教育。起初，太阳公社只是试着带上孩子去大自然当中撒欢儿，去体验一些简单的农事活动或者是传统美食，做得简单但又很有意义。太阳公社曾经给社员写过很多信，其中有一封信就是让父母带着孩子去农场完成30件事，包括很多关于农场的小事情，但是对孩子来讲确实是非常有意义的一段回忆。有了这些经验之后，太阳公社的自然教育慢慢走上了正轨。2014年夏天，开始了第一次夏令营尝试。这一年的夏令营主要是培养孩子们的动手能力、沟通能力、团队协作能力、野外生存能力。因为社员们的反馈都比较好，所以连续做了三期。

有了第一年的试水之后，太阳公社便开始筹划不一样的夏令营。从2015年夏天开始，太阳公社的夏令营变得更加丰富多彩。夏令营特别邀请了许多自然教育界的大咖，做过很多不同主题的夏令营，主要是昆虫营、华德福营、戏剧营等。

1. 台湾昆虫营

来自台湾的赖建丞老师是台湾非常知名的生态专家和讲师。他深谙昆虫和植物之间的关系，懂地质，懂水文，关键是很会带着孩子们玩。他连续几年都来太阳公社带夏令营。天生一张喜气的脸，又是“移动的百科全书”，孩子们都特别喜欢围绕着他问各种问题。他有种神奇的魔力，参加过昆虫营的孩子都不再害怕昆虫，会用正确的方法去抓毛毛虫，知道如何让它喷出毒液，然后轻轻抚摸它。

走在山林，他随时都会给你惊喜，他会带你发现溪水里隐秘的生物，会与你分享小昆虫如何辨雌雄……

赖老师曾说，让孩子从认识昆虫开始，认识到与大自然的连接，从而学会保护植物、昆虫和人类自己。在潜移默化中，让孩子们树立正确的自然生态观念，了解什么是自然共生，在实践中明白什么是生态保护，明白对于自然应该是敬畏和探索，而非猎奇和索取。课堂会在田野里、小溪间、草地上，在制作标本、获取自然材料、抓捕昆虫的时候，都将向孩子讲述与自然共生的法则，感受物种丰富和环境多样性。

2. 华德福艺术音乐营

（1）华德福的聚会

在夏令营中，让孩子去经历：创新的思考、艺术的活动（感受）、热情的游戏和体育活动；让孩子用体验而非概念灌输的方式体验自然和文化，从“做”中学习；更多关注孩子的学习过程：他们如何感觉、如何成长、如何在一起工作；鼓励他们创新、主动、勇敢、发挥想象力、互相帮助。

（2）彩绘、绘画、建筑等艺术作品

孩子们可以天马行空，发挥想象力和创意去绘画。孩子绘画和手工的很多材料都是环保的，保证安全无害，原木笔杆的彩色铅笔、可以吃的手工蜂蜡画笔、可肆意接触皮肤的颜料。孩子们将利用大自然赋予的各种材料、互相协作搭建自然建筑，感受建筑独特的魅力以及与人类密不可分的关系。

（3）音乐和唱歌

每天晚上都会有故事时间，各位老师会带来不一样的体

验。孩子们会看到小提琴开场，也可能是笛子独奏，甚至是吹奏一片随手摘来的竹叶。听完故事后，老师会和孩子们一起唱《天上的星星》，好好消化这一天，向夜晚投降。营期中还会有篝火晚会，在浩瀚星空下、在草地上，讲故事、围着篝火唱歌跳舞，孩子们将体验到不同文化之间的碰撞。音乐与艺术的方式不仅可以滋养孩子，也让孩子更加了解自己，将生命的根扎稳，成为一个“完整的人”。

（4）木工和制作竹乐器

孩子们亲自使用工具锯竹子、钻孔、打磨，制作竹子乐器。孩子们使用这些看上去危险的工具，学会的不只是技能，还有如何调节身心去适应新事物。在孩子们长大后，这些技能也许不会再使用，但这些自信、成就感会一直伴随他们。

（5）通过声音和颜色来探索大自然和你自己

自然是人类的家，进入森林，就像进入别人的家一样，要带着敬畏去探索森林。通过独木桥，绕过竹林，沿着小径进入森林，闻森林的味道，听森林的声音，观察不同色度的植物，记住森林。当你在观察森林的时候，也许森林也在观察着你。

3. 台湾戏剧营

台湾艺术大学戏剧系毕业的晓芬，拥有近 20 年的教育及剧场从业经验，她创办了两人三角艺术工作室，致力于儿童剧场打造，结合各元素创造出孩子最爱的娱乐场。以创造性戏剧方法，让孩子沉浸在奇幻的想象世界里，并辅以教育工作坊，让孩子在玩中学，学中思，思中创。带着孩子们在“玩”与“游戏”之间认识自己，打开身体，经历另一种生活的可能，伸展

◎太阳公社的接待中心

四肢、感应光影魅力，去表达、去创造，感受戏剧的天马行空，释放出天性的力量。

4. 夏令营食宿

食：太阳公社友善美食：精致的早餐料理、友善午餐、充满活力的下午茶、烛光晚餐。所有食材均由太阳公社农场友善生产。

宿：亲近自然，最好的方式是住进自然。太阳公社总是为孩子们准备大大的惊喜，孩子们可以住进帐篷，从美美的“大白屋”到散落山谷的“拾伍间”，都是满满的自然力。

（五）总结与展望

在过去的四年里，太阳公社做过诸多尝试和创新。其间虽有失败，但是并没有气馁，而这些失败并不能算真正意义上的失败，它可能只是探索的路上不断试错的一个过程。目前太阳公社做得比较成功的就是夏令营，有强大的师资队伍和庞大的客户基数，可以在夏令营过程中去影响更多的家庭加入太阳公社的社员队伍中，为太阳公社的农业生产板块提供更多的支持与互助。太阳公社的农产品生产和宅配现在已经做得比较流畅，只需要再加强农业生产的可控性，照顾好土壤，更好地了解在地环境，尽可能做到供需匹配度更高一些，未来农产品宅配还是有很大市场空间的。

太阳公社以有机农业开始探索一种社区互助模式，想要创作一个城乡互助的理想社区，虽然设想很完整，但是实现的过程还需要进行诸多尝试，目前做自然教育是一个非常不错的方式。孩子是一个家庭的重心，以孩子为媒介，可以更好地向家庭传递健康的生活方式和理念。此外，大量的艺术设计作品（如猪舍、鸡舍、鸭寮、稻田画、大白屋、稻田餐厅，等等），也是扩大太阳公社影响力一个非常重要的因素，在地化的、环保的、实用的、美观的艺术作品，会为太阳公社增加很多亮点，从而可以让更多的人关注到太阳公社。

虽然太阳公社现在已经在国内外都比较有名气，上过国内各大媒体的报道，甚至上过美国的《纽约时报》的整版，但是并不代表太阳公社的模式已经很成熟，这些只是想让更多的人知道太阳公社的存在。而太阳公社最重要的事情是要做好真正的运营管理，寻找到可以复制的理想社区的创建模式。

陈晓飞　太阳公社

八

坚持有机，找回儿时餐桌上的味道

福建佳美农场

（一）返乡青年的“新农夫”梦

“有一些虫眼儿，但保证无农残；外表有些丑，但吃起来有菜味。城乡互助，公平贸易，你吃生态健康食品，我做幸福有机小农。”

每周二、周五，分布在福州城区内不同地点的 300 多户家庭，都可能会收到来自佳美农场的一箱有机蔬菜。打开箱盖，六七种不同品种的当季蔬菜上附着一份配送清单，上面总有这样几行字。

佳美农场位于福建闽侯县白沙镇内，早在中央出台家庭农场扶持政策之前，“佳美”已是这一带小有名气的家庭农场，不仅因为它是福州最早最成功的 CSA 有机农场，还因为农场主魏长——一个从城市回到乡村种地的大学生。

1. 一根稻草的革命

“梦想还是要有的，万一实现了呢？”2014 年 12 月 6 日，当魏长站在第六届全国社区互助农业大会的福建农林大学会场作经验交流时，他已经实现了当初的梦想。

故事还要从十几年前说起。

2004 年秋，从福建三明永安一个偏僻小山村走出的少年魏长，怀揣着憧憬踏进了福建农林大学的校门。从小就喜欢跟着妈妈学种地的他，进入大学第一年就如饥似渴地学习。由于成绩优秀，他不仅当上了班干部，还拿到了奖学金。

但是第二年，他发现了理想与现实的巨大落差——几乎所有人都告诉他：学农业没出路，不过是为混一张文凭。不论是毕业的师兄师姐，还是课堂上的老师，实际上都已远离了土地。再看看身边的同学，他们不是在忙着考公务员、考研，就是在忙着考各种各样的证书。

迷茫中的魏长消沉了。他放弃了奖学金，开始在课余打各种工，没想到打工也不顺利。人生低谷时，他一遍遍地追问，却发现，自己心底始终无法割舍对土地的那份情结。

2006 年，已读大三的魏长，第一次在日记里写下他的“佳美之梦”：碧水青山、有机果蔬、生态农场、和谐家园。一年后，他组织一帮仍热爱农业的同学一起创建了“佳美有机农业研究会”；三年后，已经大学毕业的他凭借“佳美有机农场创业方案”，获得了联想全国青年公益创业大赛的福建省冠军。

正当魏长一步步接近他的梦想时，一本影响他一生的书——《一根稻草的革命》出现了。日本的有机农业实践者福冈正信在书中提出师法古人的“自然农法”，即不用农药化肥，完全依靠自然力种植出高质量的有机农作物。这对于大学时期一直接受现代农业教育的魏长来说，犹如一次思想的革命。他如获至宝，一个目标变得异常清晰与坚定。

◎魏长和他的妻子

2010年8月，魏长的“佳美农场”就像一颗充满生命力的种子，在一位老师的帮助下，在闽侯县白沙镇林柄村落地生根。魏长租下四亩田，开始一个人、一把锄头，白手起家的“农夫梦”。

“不打农药不施化肥也能种菜？就算种出来了，能卖得了吗？”当时，林柄村的村民都拿这个“学种地”的大学生当笑话。几十年来，种田就要打农药施化肥的观念已经深入骨髓。

但不久，一切有了戏剧性的变化。

由于2009年国内的大白菜特别好卖，供不应求，第二年，全国菜农都一哄而上改种大白菜。可老天爷却开了个大玩笑——这一年北方暖冬，大白菜特别充足，原本供应北方的南方大白菜几乎都滞销了，林柄村的菜农也难逃一劫。只有魏长，不但没亏本，他种的有机菜仍然以每斤7元的价格稳定销售。

说一百个道理，不如卖出个好价钱。村民们开始对这个“80后”大学生刮目相看。慢慢地，有邻村的农户来找魏长入伙。由魏长负责统一管理，联合式家庭农场雏形初具。白沙镇过去著名的优质水稻品种“428 白沙”也被魏长种了起来。此前，由于这一品种低产且不适合打农药化肥，少有农民愿意种。

“魏长的有机菜可好吃呢。”在第一批客户的口口相传下，佳美农场的订单不断增加。魏长采用从北京小毛驴市民农园学来的 CSA 运营模式：消费者预付份额，生产者负责生产和配送；消费者和生产者共担风险，互助合作。

转眼四年，从 4 亩地到 40 亩地，从一个生产者到 4 家农户 16 个生产者，从 4 个客户到 200 多个客户，佳美农场进入了稳定发展阶段。这期间，经历了冰雹、旱、涝等天灾，以及各种质疑，魏长对有机事业也有了更加坚忍、从容的心态。

魏长种的菜，严格遵行“自然农法”，不打农药、不施化肥、不用除草剂。通过种植本地当季的蔬菜品种和合理的水旱轮作、间混套种，可以实现减少虫害。实在必要时，他也会用苦参碱等生物农药除虫。夏天还会采用粘虫板来防虫害。

◎菜地

肥料是经过堆肥处理晒干的鸡鸭牛粪、秸秆。秸秆不仅可以作为蚯蚓的食物，其层层覆盖下的缝隙还可以蓄存雨水中的养分，当土壤需要时便可释放。还有用三叶草作绿肥等方法，都在种植的同时又保护了地力，使土地越种越肥。

从一名走出乡村的大学生到归返土地的“新农夫”，魏长的有机农业让村民看到了一片“希望的田野”。

2. 南瓜藤的互助、相爱理念

位于闽侯县白沙镇的林柄村，山清水秀，土壤肥沃，气候温和，很适合农作物生长。这里原有村民 400 多户 1576 人，如今大部分村民都进城打工，村中只留下老弱病残 300 多人，这是中国绝大多数乡村的缩影。村中老宅多已人去屋空，许多田地都荒了，本村村民现在只有两人还在种地，其他田地都租给外地人种了。

自从魏长的有机蔬菜打开销路，附近相继出现一个个有机农场，这一带的农村渐渐有了微妙的变化。

邻村的“80 后”农民张功忠，是魏长最早找到的合作伙伴之一，也是佳美农场现在的种植大户。种有几十亩地的他，在魏长指导下，已是有机种植的“老把式”了。2011 年，他刚开始跟着魏长干时还将信将疑，当时月收入平均不到 1000 元，现在他不仅月收入超过 4000，还被另一家新开办的农场请去“兼职”，如今一家人小日子过得和和美美。他的另一个兄弟也曾加入农场，学到技术后自己出去办了一家农场，成为这一带小有名气的种植能人，还上过电视。就连为佳美农场开车配送的村民老江，因为业务熟悉，去年也被附近的两家新农场同时聘用，现在他买了三辆运输车，每月收入过万，活儿多得停不下来。对他们来说，“佳美”不仅带来了实实在在的“小康”，也让他们获得了一份职业的尊严。

本地产、本地销，不经过中间商，直接从农村菜地到市民餐桌，CSA 模式不仅解决了城里人的“有机”需求，也使农民的辛勤劳动得到了更高、更公平的价值回报。在全球资本化农业挤占小农户生存空间的背景下，CSA 提供了一条新路径。

魏长认为，CSA 从表面看是食品安全背景下催生的获得健康食品的方式，实际回应的是一个根本的社会问题——城与乡、人与土地、人与人之间的关系。

这些年，佳美农场通过召开消费者代表会议、举办冬至打糍粑、农场采摘等活动来拉近城乡距离、增进彼此的情感。随着深入农场、了解更多食物的来源与种植过程，过去只在超市与食物相遇的消费者，对食物的认识开始有了改变——原来每季的时令蔬菜不可能是什么品种都有；原来好的蔬菜并不是整齐划一的漂亮，它可以是有疤痕或“卖相”不大好的，但更有营养，这便是“自然”。他们开始接受这样真实的“自然”，珍惜土地的馈赠，并且，更加尊重农民的劳动。

2014 年，在国家扶持家庭农场政策的鼓励下，魏长把“佳美”正式注册为“南瓜藤家庭农场”。不仅因为南瓜藤有顽强的生命力，还因为 CSA 的互助精神就像南瓜藤——“节与节紧密相连，根与叶彼此相爱”。魏长解释说，“节”代表联合家庭农场中每个独立的农户；供应养分的“根”是消费者；进行光合作用的“叶”就是生产者。“根与叶彼此相爱，就是城乡互助，也是每一斤有机蔬菜托起的‘有机’社区。”

而对于林柄村的老人们来说，佳美农场的存在，带来了另一个福音。

和国内大多数村庄一样，林柄村里现在住着的都是留守老人，他们年纪大了，有个头疼脑热的无人照顾。魏长的妻子、善良心细的发珍，利用自己学过的医学知识对住在农场周边的老人照顾有加。隔壁一个老农妇身体一直不好，头晕时发珍给她按摩，胃痛时发珍给她泡酵母粉；老人高血压犯了，发珍上山摘野菜熬汤给她……

有了魏长夫妇的陪伴，老人们和他们的子女都很放心。有一次，魏长想搬家，几家老人的儿女特地从城里赶回来挽留，把他们留下了。这些年，夫妻俩已经完全融入乡村的生活，不仅安之若素，更甘之如饴。

3. 每个人心里都有一片田

“采菊东篱下，悠然见南山。”中国人的血脉中千年流淌着一个田园梦。青年返乡，便是近年来悄然兴起的一种现象。面对市场化大潮把“农”边缘化、把城市变为唯一价值时，却有这样一群青年人，他们回到乡村，用自己的选择与行动影响、改变着更多的人。

尽管现实中的返乡之路并不浪漫，既有喜悦与昂扬，也有困顿与叹息，但对魏长来说，推动“有机”农业、倡导健康可持续的生活是一种社会责任。正因如此，面对这些年慕名而来、想重金聘请他合作的企业老板，魏长都婉言谢绝了，“把‘有机’当生意做，急功近利，只会偏离初衷。”

几年来，魏长迎来送往了一拨拨相识与不相识的朋友，他们带着对田园的向往而来，但最终都没有留下。甚至有一个大学来的实习生，只住了一夜就迫不及待地“逃离”了。直到2014年，来了三个“90后”青年，也是当年的佳美研究会会员，他们坚持了下来，成为魏长志同道合的小伙伴。

短发，清秀的脸庞上架着一副黑框眼镜，农场客服佳敏，是三个伙伴中最早到来的，也是当年同年段毕业生中唯一从事农业的学生。在她的床头，放着一本梭罗的《瓦尔登湖》。

佳敏的老家是闽南的一个乡镇，高二那年，偶然看到一部关于台湾社区营造的纪录片，她的人生从此与乡建发生了联结。纪录片里，一群台湾返乡人士保卫乡村、建设乡村的努力为她展现了一个不一样的世界。若干年后，从福建农林大学毕业的她也走上了乡建的公益之路。为了更接近自己“脚踏实地”的理想，佳敏选择到师兄魏长的农场实践CSA。在她看来，有机农业能够真正为农村、为农民带来一些改变。

◎佳美农场工作团队

比佳敏高一届的农大毕业生思林，谈到自己的选择时，语气却轻松许多，因为他有个坚强的后盾——理解支持他的父亲。酷爱农学的他，高考那年填报的所有志愿都是农校。“过去的乡村多美好，我不希望像现在这样，每次回去，家乡都是一个清冷的所在。”思林希望在这里多学习，以后也回乡带动村民建有机农场，“让一些爱家乡的年轻人在故土上有一份好工作，不必漂泊。”

张勇是佳美的第一个实习生，辗转两年后又回到了佳美农场。他说，不管今后还会有怎样的人生变故，他都会走在喜爱的农业之路上。

在这菜地旁破旧的农舍里，咯吱作响的木板楼梯、简陋的床柜就是5个年轻人的“窝”。尽管乡村生活在物质上相对贫乏，但晴耕雨读，只要一书在手，漫长的夜就变得生动起来。每周四晚上，忙完菜品配送的他们都会围坐在饭厅的灯下，雷打不动地延续他们从大学时期就开始的“佳美读书会”。

“也曾在安静的夜里和田间的烈日下问过自己的心，为什么不循着那大道走，要走这田间小路。”在一次读书会后，他们这样总结：“其实，耕田种地并不难，困难的是一直去翻种身体里的那块心田，让它能够一直枝繁叶茂、生机勃勃。”

“农业是把太阳光转变为人们幸福生活的工作。”这是魏长和他的小伙伴们喜欢提及的一句名言。对这些“新农夫”来说，他们选择的不只是一份外人眼中的职业，更是一种贴近内心的生活。而他们所归返的，不仅仅是土地之“乡”，还是每一个人的精神原乡。

在中国广袤的大地上，这些来自天南地北的“新农夫”们相互汲取着前行的力量，他们如同星星之火，点亮了一个个角落里的村庄；他们走向乡间的身影，也已镶嵌在时代的背景上。

（二）佳美农场的经营理念

1. 生态农耕是安身立命之本

出生于福建山区一个贫困家庭的魏长，从小学一直到大学都依靠助学资金或亲朋的资助才完成学业，大学期间申请了助学贷款一万元，2007 年一毕业就负债了。毕业工作三年，有了一点小积蓄，本来还债后就可以无债一身轻了，只是他年轻气盛，受《赢在中国》创业节目影响，开了一家早餐店，经营 9 个月后“光荣”倒闭。旧债未还，新债又来了。

当魏长灰心绝望时，有一本叫作《服务真诠》的书大大鼓励了他，特别是其中描绘的“城中的贫民巷”和“到乡村去”等章节。正如这本书所描述的，深刻地体会过城市贫民巷的生活，像他这样出生在农村的青年人，非常不适应。但是到了农村不但可以解决他的衣食问题，而且会得到意想不到的健康、快乐、事业、爱情。

真正的幸福，就是在农村有一块地可以耕种，享受土地宝贵的出产，享受一口田所带来的平安、喜乐、和平，人人可以安居乐业，勤俭度日，不必依靠他人。父亲是国王，母亲是王后，孩子们是公主和王子。贫穷困乏的人，在这大地之上仍有可以容身的地方。地上的出产，未尝不足以供给他们衣食，只要人有坚决的意志、勇气和毅力，就能够去发掘土地中的宝藏。

生态扶贫就是要帮助穷苦人找一个安身之处，并且教他们生态耕种的方法，教他们怎样使用农具，怎样种植蔬菜、禾谷，怎样处理果园，使产出增多，并且安全、环保，这是生态扶贫的真正意义所在。

2. CSA 是生态扶贫的福音

在接触社区互助农业（CSA）之前，魏长在大农业公司工作过，他体会到做农业虽然很“幸福”，但更是高风险。农业投入品诸如地租、种子、肥料、人工等都必须与大自然的光温水气肥合理搭配才有产出，稍有不慎就全军覆没。况且就算生产出来了，能否及时销售出去，能卖多少钱还是个大问题。规模大了，风险很高，管理很难；规模小了，成本很高，销售很难。所以在大公司里，他认识到有机生产其实不是大问题，销售和价格才是个大难题。由于公司基地一直亏损，没有前途，又感觉孤单和寂寞，他工作一年后就离开了。

2008 年，魏长在深圳当有机食品业务员时，从网络上了解到 CSA 模式，当时就燃起了对有机农业的新希望。他后来与很多同学、朋友讨论这种模式的优越性。2009 年魏长参观了北京小毛驴市民农园，2010 年开始返乡耕种，年底参加了第二届全国 CSA 大会。

从此，他的生活开启了 CSA 模式。他用“共担风险、共享收益”的 CSA 精神与人相处合作：消费者接受了 CSA 模式，预付款给他作为有机生产的资金，并且在精神上给他们鼓励和支持；农友们接受了 CSA 模式，愿意与他合作，用心贡献一箱

"带着农夫笑脸"的菜给他们共同的消费者。这样，CSA 模式就解决了他的销售、资金、价格等问题。

正如大家经常所说，如果有 30 个消费者愿意加入 CSA 模式，就可以让一个原本贫穷的有机农民家庭在农村安居乐业；如果有 300 个消费者愿意加入，就可以支撑起 10 个生态扶贫小农幸福生活；如果有 3000 个消费者愿意加入，就可以让一个 100 户的村庄彻底脱贫致富奔小康了。

当身无分文，负债累累，又是举目无亲返他乡时，魏长租四亩田，借一万元钱，从一把锄头、一把铁锹、一双雨鞋开始耕种。借助 CSA 模式，种了八个月后他卖出了第一棵菜，得到了第一批消费者的支持。他是 CSA 模式的受益者，也愿意作为推广者、改进者。

3. 生产者与消费者共生的南瓜藤理念

魏长从南瓜的生存哲学中悟出了佳美农场的南瓜藤发展理念：每一个生产者家庭就是南瓜藤上的"叶片"，每一个生产者家庭独立、自由、为幸福而生长，同时连成一个整体，友爱互助，荣辱与共；每一个消费者家庭为南瓜的"根"；叶片可以光合作用，生产碳水化合物，但需要根的营养和水分；根与叶共担风险、紧密相连，就像生产者要在消费者的支持下，要尽力利用好一切资源，为消费者生产安全、优质、健康的产品。

2012 年，佳美农场将自己出版的刊物命名为《南瓜藤》，主要介绍农场的经营状态、宣传有机生活理念等。《南瓜藤》就像一个有机文化的载体，通过它，与佳美农场接触的人更加了解佳美、接纳佳美、推荐佳美。

南瓜藤理念首先表现在节与节紧密相连。南瓜藤的每一节相对独立，又紧密相连。只要有独立的根、茎、叶、须、花、果，节与节间即使被断开，都还能分别正常生长。全藤各节紧密团结，覆盖地面形成一道美丽的风景。这就好像佳美农场的各个家庭相对独立、分工，又紧密团结，精诚合作一样，形成一个有特色的生态社区。

其次表现在根与叶彼此相爱。南瓜藤的根与叶相互依存，互相促进。根为叶提供养分与水分，叶片依靠根和阳光进行光合作用，提供全株生长的能量。这就好像佳美农场的消费者与生产者的关系，消费者为生产者提供资金和鼓励，而生产者依靠消费者和阳光、土地、水源进行有机生产，为消费者和佳美社区提供有机产品。

4. 以人品担保产品

（1）生产形式

佳美农场有两种不同形式的生产合作。

一种是核心农产品（蔬菜）的生产，由包括魏长在内的四个生产者共同合作生产。在生产劳动过程中，他们各自独立，最终以产出计酬；而在生产资料、生产技术标准、蔬菜配送、会

◎配菜

员招募与服务等方面，他们又由农场统一管理。为了协调问题和激励生产者，农场形成了每周六晚上的生产者会议制度。

除了内部生产者合作生产，佳美农场的另一种生产形式就是与外部的生态家庭农场或个人进行合作，共同为消费者（会员）提供附加农产品。于佳美农场而言，这种合作一方面通过附加份额的形式，更好地满足了消费者多样化的需求；另一方面也通过收取配送费的形式，降低了自己的配送成本。而于合作者来说，他们可以利用佳美农场良好的声誉和会员平台，增加农产品销售，扩大自己的影响力。这是一种双方共赢的选择，但问题是如何保障并让消费者信任外部合作者提供的农产品品质。魏长的选择一是只与自己的“熟人”进行合作；二是用自己的“人品”为“产品”作担保。

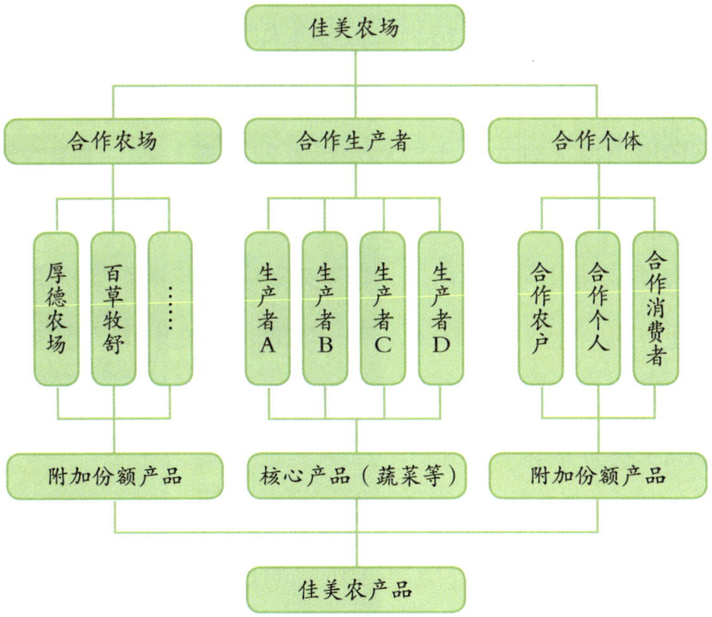

（2）生产公约

佳美农场遵循有机生产标准进行生产，但迄今没有进行有机认证，他们试图推动参与式保障体系。

两禁一允：禁止使用化学合成肥料，禁止使用化学合成的杀虫剂和除草剂，允许使用植物性杀虫剂。

三无：无有毒农药、化肥，无不合格品，无掺假。

三个原则：符合 GB/T20014《良好农业规范》国家标准，尽量达到 GB/T19630《有机产品》国家标准要求，追求原生态自然农法。

产品方向：为消费者提供“安全、健康、环保”食品；为生产者提供“健康、美好、持久”的保障。

（3）人事管理

佳美农场的工作非常繁杂，除了农事活动，还需在服务和行政方面投入相当多的精力。这些工作除了财务是由妻子发珍负责，其余基本都是魏长来处理。为减轻工作负担，让自己能有更多精力投入到农事生产和农场管理决策上来，佳美农场近期外聘了三位工作人员承担农场的行政和服务工作。

为了减轻农场财务负担，佳美农场采取“半农半 ×”的人员管理方式，让这些工作人员有一半的时间去开辟自己的天地。在资金管理上，佳美农场从不负债，量入为出。

（4）会员服务

在会员方面，尽管媒体报道、农夫市集、社区活动等可以促进会员招募，但佳美农场主要依赖的是人际网络的口口相传。消费者加入佳美农场最重要的原因是为了获得健康安全的农产品，他们的信任大都是因为魏长的人品。魏长的“能力”“善意”“诚实”等特质，让消费者感到信赖，然后追随。如何提高会员的留存率？佳美农场做得最重要的事情还是立足生产，做出高品质的农产品。另外，不断改善服务和加强双向沟通，也是很重要的方面。

（三）佳美农场的 PGS 实践

PGS 是参与式保障体系的简称，基于信任、社会网络和知识共享，PGS 鼓励并要求农民甚至消费者直接参与认证过程，对生产农户进行评估，为有机消费者提供可靠的保障。PGS 又被称为“民间认证”，是国际有机运动联盟（IFOAM）在全世界大力推广的替代式认证方式。

在南瓜藤家庭农场（又名佳美农场）的简介中，魏长这样写道：起源于 2006 年在福建农林大学创办佳美有机农业研究会时的田园梦想，致力于以 CSA 的模式和 PGS 的管理方法，追求原生态的有机农业耕作方法，推动城乡互助与公平贸易，建设更美好的家园。

随着 PGS 理念在中国的传播，越来越多的新农人结合自己所在地区的特点，开始尝试参与式保障体系。魏长夫妇作为典型的“80 后”新农人，PGS 的实践与其教育和工作经历有密切关系：

2006—2007 年，福建农林大学，魏长组织读书会“佳美论坛”，成立“佳美有机农业研究会”，学以致用，进行有机农业、农业创业等的实践探讨与学术研究。

2007—2009 年，魏长参加工作，先后当过蔬菜基地技术员、有机食品业务员、绿化队长、早餐店老板；参加联想全国青年公益创业大赛。

2010 年，开始独立有机生产；魏长未婚妻梁发珍，带病来农场陪伴魏长，艰苦创业。

2012 年 12 月 1 日，第四届全国 CSA 大会，在周泽江老师处第一次学习 PGS，回去后编制手册。12 月 23 日，举办第一次 PGS 消费者代表团体会议。

2013 年 1 月 3 日，第一次 PGS 内部认证会议正式召开，35 人参加。

2014 年 7 月 25 日，正式注册为闽侯县白沙镇南瓜藤家庭农场，接受政府质量部门的菜品抽检、监管。

2014—2015 年，参与农场消费者——福州市检验检疫局马艳教授主持的课题《家庭农场质量安全体系建立》，建立《佳美新农夫生产日记》；设立《佳美生产者质量安全保证卡》《佳美消费者参与式评价卡》，建立《佳美品管操作规程》。

2015 年 11 月，参加第七届全国社会农业（CSA）大会，魏长与大家分享了《返乡青年的 PGS 农场》。

2016—2017 年，参与建立福州有机农夫市集，按照 PGS 理念设计市集组织框架和运作模式，设立市集章程……

1. 魏长对 PGS 的理解和认识

（1）最灵活的有机认证方法

PGS 让很多农民参与有机生产体系，大大增加了当地市场上可以购买的有机产品数量。此外，与出售给批发商相比，农民们能够获得更多益处，如得到更多有机生产技术方面的培训，更强的团体归属感等。

PGS强调直接将产品出售给消费者，让农民获得更大收益，并使消费者能以更低的价格购买到产品，也会对有机产品的品质更有信心（因为他们直接参与到有机保障过程中，并有机会参与制定或修订可能比官方规程更权威的有机生产标准），并且也更愿意支持当地的农民。

（2）最有效的质量安全管理方法

现代企业管理模式有5S现场管理法，即整理（Seiri）、整顿（Seiton）、清扫（Seiso）、清洁（Seiketsu）、素养（Shitsuke），又被称为“五常法则”。作为借鉴，魏长试图将5S理念引入PGS的实践当中，针对家庭农场的问题，从诚信（Sincerity）、技术（Technology）、素养（Shitsuke）、生活（Life）、政策（Policy）五个方面提升中国家庭农场质量安全。

2. 佳美农场的PGS实践

（1）制定《PGS手册》

通过制定《PGS手册》，在农场的内部工作人员、生产者、消费者、支持者当中深入宣传PGS理念，并在大家共同愿景的基础上，开始筹建“佳美城乡互助合作社”，使消费者、生产者、合作社各自的权、责、利更加清晰，保障大家的利益，促使CSA的事业有序、长久、良性地发展。

（2）举办交流认证会

佳美农场多次举行交流认证会，消费者与生产者面对面，坦率、集中地表达了自己的声音，提出很多切实可行的意见。生产者正式当着大家的面承诺，愿意向消费者负责，绝不用化肥、化学农药，自己吃的和卖给大家的是一样的菜；生产者在场的情况下，消费者代表们参观检查所有的菜地，当面向生产者提出意见和建议。

（3）编辑佳美有机新农夫手册

有机新农夫也有自己的操作手册，内容包括：我知道什么是有机标准；我知道应该记录些什么；如果别人询问，我可以告诉他我是怎么耕作的；建立责任到人的农夫可追溯体系。

（4）建立佳美保证卡与评价卡制度

保证卡内容包括：每一箱菜都带着我的笑脸与承诺；这箱菜以我一家人的生活为信誉保证；有质量问题包退换。评价卡使消费者每一次都有参与评价的机会，同时也是一个沟通的桥梁，进而督促生产者和农场改进生产与服务水平。

（5）建立佳美农场的品管操作规程

佳美农场有专人负责品管工作，其操作规程为：①制定产品品质管理计划；②监控土壤、水源、环境安全及评估；③登记使用的肥料来源、有效成分、安全性评估；④登记生物农药来源、使用记录，监督安全间隔期；⑤登记种子来源、安全性评估；⑥检测或送检产品亚硝酸盐含量、农残指标、土壤重金属含量等，及时公开并且评估；⑦组织消费者 PGS 的建立。

（6）构建 PGS 质量安全模型

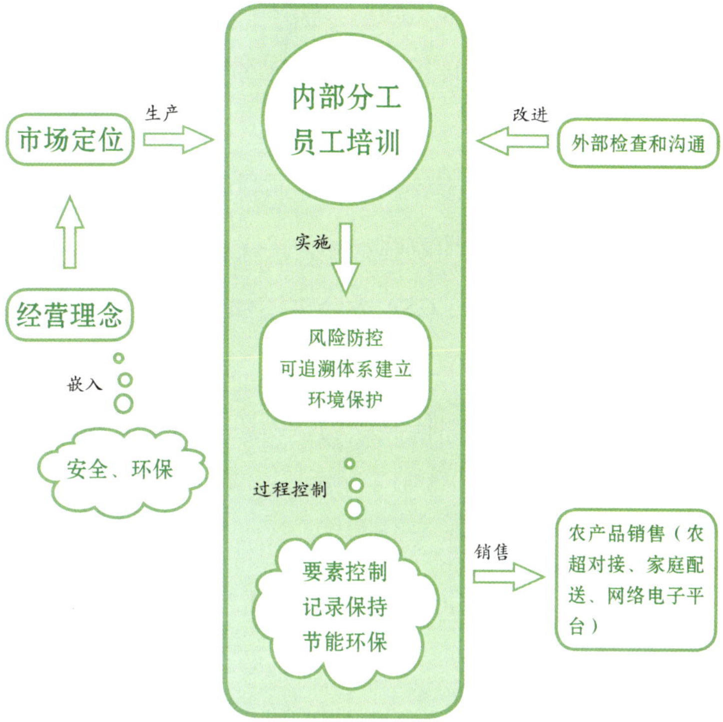

3. 新农夫的成长与生态社区的建设

年轻人是用来成长的。佳美农场作为实践基地，为这些新农夫提供精神支持、物质支持、项目支持，大家共同成长。几年来，先后来农场实习的伙伴共有几十人，来访问的青年人则数以千计。

同时，新农夫也要参与到农场的建设之中，以便学以致用，理论联系实践，从实践中总结理论。他们可以选取感兴趣的农场课题来研究，对农场的建设提供好的建议和意见。具体的参与方式包括假期体验实习生、志愿者、勤工俭学等。

此外，还有生态社区的多元参与，具体包括：

①当地菜农的 PGS：不一样的种植，更好的收入与尊严；

②当地配送员的 PGS：高效的配送，稳定的工作；

③消费者的 PGS：评价卡制度、民宿计划、带动村民发展计划；

④专家的 PGS：写出《家庭农场质量安全体系的建立》；

⑤政府的 PGS：注册家庭农场，接受监管；

⑥行业协会的 PGS：CSA 大会，增强信心，交流心得，互相学习。

上升到更高的层面，佳美农场认为还有耕农田、耕心田的心灵参与。

（四）PGS 在福州有机农夫市集的应用

农夫市集是一个能让你找回儿时味道的地方，一个小农户到城里直接把菜卖给消费者的地方。在魏长看来，农夫市集是一个更富有人情味的地方。"传统的市集还是很不错的，但是像超市里，整齐划一的产品，顾客根本无法知道商品背后的故事。而农夫市集是一个活灵活现的场所，农夫亲自把自己的产品摆在你的面前，你可以了解每一个产品是怎么被生产出来的。"农夫市集倡导的是"带着农夫笑脸"的食物："只有每一种食物都带着农夫的笑脸，这样的食物才是让人放心的，这才叫食物主权，否则人活了一辈子却不知道自己所吃的食物是谁来生产的，这是一件很悲哀的事情。"

福州有机农夫市集是一个由民间人士发起管理的公益组

织，为从事有机农业的农户和消费者搭建直接沟通、交流、互信的平台。旨在帮助消费者找到安全、放心、有品质保证的产品，也帮助农户拓宽市场渠道，推广生产理念，鼓励更多农户从事有机农业，从而减少化肥和农药带来的环境污染，维护食品安全，实践公平贸易。

2014 年第六届全国 CSA 大会在福州召开的时候，梁漱溟乡村建设中心的唐义国便在福州开始组织农夫市集，但是后来由于种种原因中断了。当时佳美农场、厚德农场、佳美良食、故乡七号、吴婕妮等都是积极参与者。

2015 年年底，受福建正荣公益基金会李盼的邀请，魏长再次参与组织福州农夫市集。魏长带着第七届全国 CSA 大会期间大家对 PGS 的热议，以及从石嫣、常天乐、周海燕等先行者那里学到的经验，与农夫市集筹备小组的伙伴们开始筹备第一届福州有机农夫市集。魏长带领团队按照 PGS 理念重新设计了市集组织框架和运作模式，制定了市集章程，并设计了《福州有机农夫市集参与式保障体系（PGS）手册》，介绍什么是 PGS，消费者、生产者、第三方如何加入 PGS 及其益处，介绍台湾主妇联盟等成功经验，制定全年 PGS 实施计划书、承诺书模板、检查员认证表格、评分系统等。

2015 年 12 月 20 日，在中国乡村建设参与式保障体系（RRPGS）专员蔡文冰、褚秀华，以及滋农游学魏川的大力协助下，魏长组织了PGS小组，首次考察了参与市集的八个农场，其中有四个农场通过认证，获得证书。这次 PGS 认证的意义表现在以下方面：

首先，PGS是一种替代性、灵活性、低成本的有机认证服务。生产者获得证书的意义，对小农而言，可能一辈子都没有过证书，得到认可，对生产者是一种有效的鼓励和激励，对消费者的参与也是一种保障。但是首次PGS，各方面都还很不成熟，手册也仅是1.0版本，主要根据HACCP原理设计，比如种植业适用，但是其他行业不太适用。各委员在检查中提出宝贵意见和建议，对生产者进行了帮助，比如故乡七号养猪的脏乱差问题，在检查后对场地进行了整理、整顿。

其次，PGS是一种有机小农的质量安全管理体系，比如佳美农场配菜棚的整改、玉林果场实施有机生产的改变计划、厚德农场和金色田园在养殖上的改进等。走访起到了督促的作用，在走访过后，各农场的卫生、形象都得到了提高。农友在参加市集过程中，每一次都在想方设法改进卖相、品质、讲述产品故事，强化自己的理念，每一次都是自己生态创业的路演，同时还与其他农友互相学习，探讨应该如何改进。

目前，新PGS手册2.0版本正在编写中，正在优化评分评价系统，并邀请更多消费者、生产者代表参与，使参与性更强。同时，加强PGS证书管理制度，作为市集准入条件，加强PGS法律、公信力的研究。

（五）结语

从2010年8月起至今，整整八年，魏长带领他的团队，风雨兼程，不改初衷，一路探索，一路前行，践行着PGS理念。

如今，佳美农场已有合作生产者 3 位，种植土地 30 余亩，供应 300 多个家庭有机农产品，成为福州最有影响力的有机农场之一。佳美农场像一根生命力顽强的“南瓜藤”，实践着生产者和消费者之间叶和根的关系——他们彼此相爱。

魏长整理　佳美农场

九

一根网线带动太行山农民致富

河南辉县农村电商带头人杜千里

“山之孕土特产”成立于2008年10月。如今“山之孕土特产”淘宝店及线下年销售额稳定在500万元左右。而杜千里被大家称呼最多的是“杜老师”。因为除了淘宝店主外，他的另外一个身份就是乡村教师。

“一条网线，联系你我；立足山区，服务全球；帮助别人，

◎杜千里

快乐自己。”如杜千里自己所言，在太行山大山深处，他用一根网线改变了自己的命运，将老家的野生核桃、野生山药等土特产卖到全国各地，成为全国农村电商的“红人”。

中国社科院信息化研究中心与阿里巴巴集团研究中心于2012年联合发布了一个《涉农电子商务研究报告》，该报告指出，农产品销售是多数返乡青年创业的主要途径，而起步成本较低的电商则成就了一些返乡青年的创业梦。截至2011年年底，全国农民网店总数已达131万家，农民网商数超过171万人。

（一）母亲去世的打击

杜千里的家乡是河南省新乡市辉县上八里镇杨树庄村，在太行山区，山的那边就是山西省。

在他的童年记忆里，家乡的秋天是漫山遍野的山货，还没有熟透的山楂总让他和小伙伴们酸得咧嘴。但是山里地薄，每年产的粮食勉强够口粮，卖点儿山货成为家里唯一的收入，还要走上几十里山路，到山下的集市上去。

杜千里弟兄四人，他是老大，也是家里唯一的大学生。2004年年末，杜千里的母亲被查出患有食道癌，需要大笔的钱做手术。知道消息的母亲哭了。母亲把他叫到床前叮嘱：“你们别给我看病了，你三弟还没有娶媳妇，你也没钱。你爸爸不顶事，你是老大，我只想跟你说，你要负担起家庭的责任，想办法帮助弟弟成家啊！”

没等母亲把话说完，杜千里已经泪流满面，他自责自己大学毕业却没能力为母亲看病。他暗暗下定决心，一定要挽救母亲的生命。他从学生、同事那里一共借了 8000 元，再加上自己 3000 元的积蓄，让母亲在医院做了手术，后来又借了 2 万元给母亲做化疗。但术后不到一年，母亲就病逝了。

为了让母亲走得安心，杜千里把自己盖好的五间平房让给了弟弟们，还从信用社贷款 3 万多元帮三弟成了家。这样，杜千里留给自己的只有 6 万元的债务，女朋友也离他而去。

母亲的去世深深地打击了杜千里。他决定深造，换一个高薪的工作，尽快还完债。于是他离开了自己眷恋的讲台，于 2006 年 9 月考取了郑州大学商学院的工商管理研究生。在国家助学贷款的帮助下，杜千里从老师变成了学生。

然而事与愿违，2008 年杜千里研究生毕业刚好赶上金融危机，大批工厂倒闭。不得已，杜千里又回到了家乡的中学任教，目的是先稳住局面，再慢慢找更好的工作。

（二）把土特产卖出去

“他们说研究生毕业了不去城市工作，在这山区有什么发展前途？有说我无能的，也有说我没关系找不到工作的。”2008 年下半年回到老家后，杜千里遭到身边人的鄙视。更糟糕的是，朋友开始催促他还债。

心烦意乱的杜千里就经常独自一人去山上转悠。正是这次“深山见闻”催生了他在山区创业的想法。

一天，他在深山里碰到一位 80 多岁的老山民在悬崖上挖野生药材。等老山民从绝壁上下来后，杜千里上前和他攀谈，得知老山民挖了好多党参、血参，还有一个野灵芝。杜千里接着问：“这些能卖多少钱？值得您爬这么高吗？”“习惯就好了。药是好药，就是没人要啊，深山老林的，没人来收，价格卖不上去。”老山民回答并邀请杜千里去家里坐坐。

杜千里很爽快地答应了，但走了大约5公里的山路才到。老人的家是三间破石头房子，里面潮湿阴暗，床是用砖头和石头砌成的，但房子周围都种满了梨树、苹果树、山楂树、杏树等，像“世外桃源”般。老人说儿子们都不在家，这些果实他也扛不动，每年都掉下来烂在地里。

“难道一个MBA研究生就没有办法把山民的药材、核桃、山楂等土特产卖出大山吗？这样不就能在山区创业，为自己创造财富，也能提高山民的收入吗？”突发奇想，当天晚上杜千里就拿定主意，打算把山区的土特产通过互联网销售出去。

第二天他花900元买了一台二手电脑，又拉了一根网线，在淘宝网上注册了“太行山山之孕土特产”店铺。“山之孕，就是大山里孕育出来的天然绿色食品。”杜千里说。

因为是首次接触电子商务，杜千里毫无经验。他清晰地记得开店一个月后才接到第一单，一个浙江金华的顾客要买5公斤野生山药。他赶紧去农民家里收购，收购价是10元/公斤，转手卖给那个顾客每公斤30元。

“我整整赚了100元，利润是200%。但那个顾客说是真的野生山药，不贵。”杜千里讲，因为是网络交易，有些顾客怀疑产品质量，他就先把样品发过去。

虽然创业了，但杜千里并没有辞去教职，反而在 2008 年年底，被调到更偏远的上八里镇鸭口小学。他就利用课余时间，骑着自行车下乡去收货。有时候大山中几公里才见一家农户，杜千里就这样挨家挨户地跑，回来时在后架绑上两个麻袋，驮到辉县县城去发货。

“山路太难走，常常一路跑下来连摔好几个跟头，腿都磨破了。但即便这样心里也高兴。”杜千里笑着说。

（三）创业成功

令杜千里没想到的是，经过头两个月的“冷清期”后，他的土特产忽然在网上开始畅销。开店第三个月时，每天营业额达到三四百元。一年时间不到，他就把债全部还清了。“如果靠我教书的工资来还债，不知要等到猴年马月啊！”杜千里感慨。

◎全球百佳网商证书

2010 年，“山之孕”网店的年销售额突破 100 万元，利润达到 30%。为了发货方便，杜千里把仓库搬到了辉县县城。2011 年销售额接着又突破 200 万元，“山之孕”网店被评为“阿里巴巴全球百佳网商”。

在杜千里的示范和影响下，辉县的农村电子商务迅速发展。当地土特产和农产品网店从无到有，一直增加到现在的300多家。当时，濒临倒闭的快递公司也起死回生，后来甚至全国各大快递公司纷纷在辉县设网点。杜千里再也不用辛苦送货了，因为快递公司会上门取货，而且费用还比之前降低了许多。

同时，土特产销量的增加带动了价格的上涨。比如野生核桃在杜千里没做网上销售之前的进山收购价是6元/斤，而现在是13元/斤，涨了一倍多；野生山楂原来的收购价格是1元/斤，低到满山是熟落的山楂都没人要，而现在是7元/斤，山楂成了抢手山货。

上八里镇甚至出现了一种有趣的现象，当地农民农闲时组织起来，成群结队骑着摩托车进山采集山货，再回来卖给杜千里。

“山里粮食不好种，但土特产卖得好，村民就改种核桃、红枣、山楂。我们在发展的同时也为提高山民的收入尽了微薄之力，想想是一件很开心的事情。”在杜千里看来，当地种植结构的变化更值得注意。

杜千里创业之初的梦想是：把债还了，帮助山民把山货卖出大山，再娶个媳妇。如今他的梦想都实现了，而且他还买了房，开起了越野车。2011年5月2日，杜千里和妻子结婚，那年他已经36岁，在家里是老大的他，却是最迟结婚的。

杜千里迅速致富的故事在当地广为流传，甚至《河南新闻联播》用6分钟的时间大幅报道。2017年4月和2018年3月，杜千里的创业故事被中央电视台两次专题报道。但创业以来，杜千里一直坚守着自己的教师岗位，至今还担任着鸭口小学三年级的班主任。结婚后他将淘宝店交给妻子打理，周末他就去帮帮忙，周一至周五他都在学校和学生们在一起。

（四）布局农村电商

2013 年 5 月，正是辉县核桃树开花的季节，结果下了一场大雪，导致当地核桃收成大幅减少。杜千里不得不到山西省收购了 2 吨核桃。

“2008 年我刚做网店时，竞争不大，模式很简单，现在竞争太激烈。”杜千里发现，有时候订单来了，却找不到货源。他说：“辉县的土特产被销售一空，甚至连周边县市山区的土特产也被收购上来放到网上销售，经常发生店主间争抢货源的情况。”

现在“山之孕”网店的营业额每天稳定在 3000 元左右，增长乏力。

2013 年，杜千里又增加了一个“理事长”的身份。为解决货源问题，他联络了几位老板，出资 1000 万元，于 2013 年 3 月成立了“辉县山之孕农林种植专业合作社”。目前已和 300 多户农民签订供货协议，同时承包了 1000 亩山楂树，杜千里希望把辉县山楂的发展带动起来。

初级农产品在淘宝上竞争越来越激烈，杜千里为了对太行山上的野生山楂进行深加工。2015 年他开始研究如何发酵做山楂酒，2016 年找酒厂代加工山楂酒。试销一年后，2017 年，他联合 3 个合伙人投资 1000 多万，成立了新乡市山里红食品有限公司，自己生产山楂酒，年收购新鲜山楂超过 1000 吨，日灌装能力超过 1800 件，这样就可以源源不断地为网商提供优质的农产品。深加工的山楂酒适合流通，只要山楂酒卖得好，辉县山区的山楂就不愁销路。

在创业过程中，杜千里也有“贵人相助”。2011 年他在全国返乡大学生论坛上认识了中国社科院信息化研究中心主任汪向东。在汪向东的促使下，2013 年 8 月，农业部和河南省农业厅联合到杜千里的淘宝店调研“农超对接”问题，建议杜千里开实体店，采取 O2O 模式（互联网交易和线下商务的结合）。

“网店加实体店加基地的 O2O 模式，是做网络销售的唯一出路。实体店是网店的体验店，能让顾客见到产品实物，基地又能让顾客参观产品的生产过程，增加信任。”杜千里打算用三

◎农业部信息中心主任郭作玉到“山之孕土特产”网店实地调研

年的时间，在河南省布局 10 至 15 家山之孕山楂酒专卖店。

2016 年 11 月，他的第一家实体店“山之孕山楂酒”开张。截至 2018 年 4 月，共计有 4 家山楂酒专卖店开张，2017 年线下年销售额突破 500 万元。

（五）感悟

经过几年在农村的创业，深感农村创业的艰难。舆论的压力、条件的限制等都是成功的绊脚石。在农村创业十年来，杜千里最深刻的体会就是：“你成功了，别人看你的目光才会改变，才会支持你认可你。大学毕业后无论在哪努力工作，只要你创造出价值就是成功的。”

十年来，杜千里帮助很多果农把山楂卖了出去，帮助别人也收获自己。山之孕合作社创建以来，和 300 多户农户合作收

◎晾晒山楂

购山区山楂，每年500吨的收购量，大大提高了贫困户的年收入。

杜千里的目标是在五年内每年新鲜山楂收购量达到2000吨以上，辉县种植山楂价格涨到1元以上。只有这样，山区人民种植山楂的积极性才可以调动起来，山区人民的收入才能因山楂显著提高；只有这样，山区人民才愿意认真管理自己的山楂树。加上当地旅游，可以真正实现“大健康大旅游”的发展目标，让乡村变得更美丽，人民过得更幸福，这才是他们的初心。初心永远不变，为了初心，他们努力在路上。

杜千里 “山之孕土特产”网店创始人

十

一个返乡大学生的家园情怀

江西宜丰稻香南垣合作社社长姚慧锋

序：为这块土地做点什么

姚慧锋和其他大学生一样，有个城市梦。所以 2005 年从西南林业大学毕业后，他来到首都北京，找了一份医药销售的工作。从小父母便叮嘱姚慧锋要好好读书，跳出农门，就不用面朝黄土背朝天地种田了。“我也想在大城市打拼出一番天地，逃离农村。那时候农村真苦，农业真累。”姚慧锋说。经过一年的努力，姚慧锋便升任为销售经理，月工资达到 1 万多元。但进入其中，他发现自己不喜欢也不适应中国的酒桌文化，灯红酒绿不是他想要的生活。姚慧锋开始对自己的人生有所反思，觉得在三十岁之前，他应该找到人生方向，应该过有意义的生活，不能再彷徨了。

2010 年一次偶然的机会，姚慧锋在 CCTV7 频道看到一个关于 CSA 模式（社区支持农业）的采访。当时他就想，是不是能回家做生态农业，家乡的环境那么好。正是这个节目一下激起了他一直存在的“农村情结”。

姚慧锋的家乡是江西省宜春市宜丰县南垣村，一个很典型的江南村庄，三面环山，一面是广袤的农田。在他的记忆中，家乡是美丽的："以前村里的河水都可以直接喝，小鱼小虾在水里游来游去，我们常去抓来改善生活。满山都是毛栗子、野梨子、野柿子，还有很多叫不出名字的，在那个没有零食的年代，这些野果子带给我和小伙伴们很大的满足。"姚慧锋开心地说。后来上学离家乡越来越远，但每次回去都能看到家乡的不断变化：村民种田开始大量使用化肥农药，村子里的垃圾到处乱堆乱扔，村里养猪场散发出阵阵臭味，河水不再清澈，鱼儿消失了，蔬菜瓜果也吃不到儿时的味道，而村子里的各种病却越来越多……

姚慧锋说："走在乡间的小路上，踏在田野里，心里总有说不出的安宁和踏实。我喜欢这里的山水和一草一木，即使已经面目全非，但我总想为这块土地做点什么。"于是他决定学习了解关于 CSA 的理念。

行动迅速的姚慧锋搜索在广州做 CSA 的机构，找到了一家名叫"沃土工坊"的 NGO。通过邮件往来，初步了解了沃土工坊，并在 2010 年的国庆假日，姚慧锋去拜访了沃土工坊的负责人郝冠辉，说了自己的情况，说了自己想去家乡发展 CSA 农业的想法。姚慧锋记得郝冠辉说："CSA 农业是很复杂的一套东西，最好还是要全面学习实践，刚好香港公益机构 PCD 有一个 CSA 项目的实习生计划，实习期一年，每个月只有 1600 元补贴，如果你想去做 CSA 农业，能参加这个实习生项目最好。"那边是做了五年、有着不错收入的工作，这边是一个前途未卜的转型。经过半个月的考虑，姚慧锋决定到广州沃土工坊做实习生，因为人生能为自己理想奋斗的机会不多。

做实习生的一年里，姚慧锋拼命地看关于有机种植的各种书籍，观看各种相关视频，跟着郝冠辉到不同的有机农场去学习，到各农业机构去参观，工作时与消费者深入交流。一年的学习让他了解到当今食品问题很严重，比如瘦肉精猪肉、三聚氰胺牛奶、苏丹红鸭蛋、农药残留超标的蔬菜、用蜡打磨的大米，等等。如果人连吃的“安全”都得不到保障，人活着真没有幸福可言。同时也知道做农业想挣大钱不是那么容易，甚至有很多的坑，因为平时的学习拜访中也看了很多失败的例子。

返乡做农业其实更多的是一种情怀，一种生活方式的选择。了解到这些后，姚慧锋更坚定了返乡的决心，打算不用农药除草剂，用有机肥代替化学肥料种植有机稻米，让自己吃得健康，同时去影响身边的农户，一起将家乡打造成“有机生态村”。

◎秋天的南垣村

（一）返乡成为一个真正的农民

2011 年 9 月，30 岁的姚慧锋回到了他的家乡江西省宜丰县南垣村，开始践行有机农业理念。虽然早有心理准备，但场面比他想象中更加的激烈：父母第一个站出来反对，他们怎么也想不通，他们寄予厚望的儿子竟然要回来做农民；母亲天天满含眼泪地劝说，让他回到城市去打工，劝说无望后，天天唉声叹气以泪洗面；父亲更是一声不吭，满脸的沮丧；村民用异样的眼光看他，村里各种议论，觉得这孩子肯定在外面混不下去了，或者脑子出问题了，要不然读了大学还回来种田。爸爸妈妈、哥哥姐姐的反对都没起效果，他就横着一条心，以后就在家种田了，谁说也没用。

2012 年，姚慧锋返乡后第一年，用自家的 14 亩两季田、5 亩一季田做起了有机种植实验。眼看着他的"一意孤行"，父亲干脆离家到附近的煤矿上做饭去，一整年都没跟他说话。母亲也每天以泪洗面，每次看到他灰头土脸的就开口骂。村民的议论也给了他很大压力，很久都不敢出现在人多的地方，每次经过村口时，都逃跑似的走过。为了不碰见他们，姚慧锋每天天刚亮就出门干活，到天黑了才回家。他不敢见人，感觉他们的眼睛像针一样扎在身上，用了半年时间，他才习惯了人们异样的眼神。

虽然返乡前做好了心理准备，但村子里的环境还是让姚慧锋感到"窒息"。他经常反问自己选择回来做农业对不对。但当他想到做实习生时那些城市人都在为"三农"发声，为"三农”奉献，当他想到返乡背后的意义时，姚慧锋又重新振作起来，他一个土生土长的农村孩子应该为家乡做点什么。

2012 年开春，姚慧锋开始学着种田，虽说从小会帮家里做些农活，但也只是会插秧、割稻子，更何况从读高中后就很少回家干活了，一整套的农活儿不会也不懂，但他必须自己掌握所有农活，做出一个榜样来，家人和村民才能相信他的决心。可是当时他父亲还在生他的气，拒绝教授姚慧锋怎么种田。他只好向邻居们求教，什么时候犁田，什么时候播种，一亩用多少天，一亩用多少斤种子。最难的是怎么使用南方的小型犁田机。他记得第一次犁田，机器翻了三次，双手都是血泡，腰也伸不直了，还不敢叫累，要不然父母听到又会责备一番。花了一年的时间，经过一年三季的种植学习和尝试，姚慧锋终于掌握了全套种植技术和设备的使用。

经过一番筹备，姚慧锋开始了有机水稻实验。

村民们不相信不用农药、化肥、除草剂能种出水稻来，因

◎姚慧锋在犁田

为他们使用农药化肥还有那么多病虫害。出于好奇，经常有农户隔三岔五跑到姚慧锋的稻田里查看。当看到不用化肥的水稻株矮、禾苗泛黄、生长稀疏时，村子里炸开了锅，“你这能收稻谷吗？有稻草就不错了。”

姚慧锋通过借鉴做 CSA 实习生时学到的有机种植技术，在犁地时每亩稻田撒下 75 至 100 公斤的菜籽饼，让它与泥土混合在一起做底肥，这样肥性持久。

防虫措施采取的是“稻鸭共作”：插秧 10 天后，把在家养了 10~15 天的鸭子放到稻田里，每亩稻田放 8~10 只就够了，太多了鸭子会把禾苗踩死，太少了除虫的效果不好。等水稻抽穗扬花时，把稻田的水放干，把鸭子赶上岸。为了防止鸭子跑掉，要用围网把稻田围起来。但是有机水稻花费的人工也十分多，因为没用除草剂，稻田里的草疯长，天还没亮姚慧锋就跑到田里去拔草，一天下来是腰酸背痛，眼睛发花；为确保稻田里有水，他每天都要去田里视察，看田里有没有水，田埂上有没有漏洞，因为如果没水的话鸭子就不会待在稻田里，钻出围网逃跑；每天他还要给鸭子喂三次食。一年下来，他几乎每天都在田里面待着。因为第一次做这件事，很多因素都不确定，总是很担心。于是他成了村子里唯一的全职农民，其他农民都是农忙时回家种田，农闲时就出去打工。

一年过去了，到了收获的季节，村民们纷纷询问收了多少斤稻谷。结果是有机水稻收成仅为亩产 250 公斤左右，而普通水稻收成是亩产 400 至 500 公斤，相差整整一倍。但是由于有机稻谷卖给广州的沃土工坊，每亩为 1800 元，单价约为 7 元 /

◎姚慧锋的稻田鸭

公斤，而普通稻谷的市面收购价才每公斤 2.5 元左右。算一下账，姚慧锋的有机水稻产值每亩要高出普通水稻 500 元左右，而且还节省了每亩 50 至 60 元的农药、除草剂费用，早中晚三季下来收入 5 万多元。让他高兴的是一年的付出总算有了回报："第一年收获不错，已经出乎我的意料了。而其他农户家庭种田收入和务工收入加在一起也只有这么多。"

（二）"我把返乡种田当成一种事业来做"

看到种植有机水稻有较高的收益，村民们不再议论姚慧锋返乡的事情了，而是纷纷主动上门询问："可不可以跟你一起种？"他趁机在 2013 年 1 月份注册成立了"宜丰县稻香南垣生态水稻种植专业合作社"，发展了 10 户社员，种植面积达到 100 亩，全部的有机稻谷都卖给广州沃土工坊，解决了有机稻米的销路问题，保证了农户的收益。"农民很直接很现实，你跟他说有机生态是没用的，你要示范给他看，还要让他尝到甜头，他才会积极去做。”2013年，合作社成员都取得了不错的经济收益，有更多的农户要求加入。姚慧锋在南垣村口贴了“入社公告”，打算给社员培训有机农业知识，“让他们意识到食品安全的重要性，从根本上认同有机农业理念”。

“我们成立生态合作社还有一个重要的工作，就是寻找各种水稻原种，做一个原种基地。一些口感好的品种就扩大规模，一些口感差的就小面积种植，让老品种能继续传承下去，保持生物多样性。”至今合作社找到了黄华粘、象牙粘、野丝粘、紫香、油红、黑谷、青优等60个水稻原种。大面积种植的黑米、象牙粘、红米、糯米，都是农民自己留种子。

为了做出品牌，保证品质，让合作社走得更长远，合作社做了以下几个统一：一是统一种子，合作社从收集的几十个品种里经过反复试验品尝，选出了象牙香米，获得了绝大多数消费者的认可和农户的支持；二是统一购买农资，这样既保证了农资品质，也降低了成本；三是统一种植技术，通过统一的生产手册让农户种植有机水稻容易上手，又保证种植过程标准化，防止出现问题；四是统一监管，保证生产质量和稻谷品质；五是统一收购储存，保证稻谷储存条件及稻谷品质不受影响；六是统一加工包装，保证加工大米的品质和品牌的塑造。

经过这六个统一后，他们从生产、管理到加工都达到了标准化，大大提高了产品品质。合作社还注册了“稻香南垣”和“姚社长”两个品牌，由于产品品质好，价格也有优势，合作的伙伴也越来越多。

姚慧锋返乡第八个年头了，种植有机水稻也有七个年头了。从最初亲人反对、全村人嘲笑，到现在人们慢慢认可了；从刚开始的30亩示范田，到全村人跟着一起种植有机水稻1000亩。目前还在计划种植有机蔬菜，发展大米深加工，姚慧锋的目标就是要农户在村里就能获得满意的收入，不用背井离乡地出去务工。

除了发展农业，姚慧锋还利用大学生下乡成立了妇女舞蹈队，舞蹈队从2012年一直跳到现在；还发动身边的朋友捐钱捐书，成立了儿童图书馆，现在藏书有6000多册；2015年还建立了慎修书舍，发动身边朋友来做志愿者，带动村里及周边小朋友来读国学。他认为一个生态村，不仅是生产的生态，还要有生活的生态、精神的生态，这个目标要实现很有难度，不是一个人或者一代人能够实现的，但种子种下去了，总有一天会发芽、开花、结果的。

（三）姚慧锋的返乡感悟：返乡要有情怀，更要懂经营

返乡不能光有情怀，农民不需要你拯救，农村不需要你拯救，你要做的就是做好你自己。过好自己的生活，照顾好家人，享受自由怡然的乡村生活。如果你过得不如当地农民，别说去影响他们，你在家都呆不下去。

你所做的一切，是你自己想做，自愿去做的。成与不成都是自己的事情，别在意别人怎么看，怎么说。你要做的就是抛开一切纷扰，不忘初心，一直前行。

返乡不要依赖政府，也不要与政府对立，两者都会让你伤

◎姚慧锋和合作社社员在北京学习

痕累累。要学会相互利用，各取所需，实现双赢。乡村的改变关键是人，一个人的力量是有限的，我们要去发掘人，培养人，吸引人。乡建是个漫长的过程，需要我们沉下心，默默前行。

姚慧锋　江西宜丰稻香南垣合作社

后 记

我是一个农家子弟，老家在江西南丰县武夷山下的一个小山村。出生于20世纪80年代，我有幸抚摸到了传统农耕文明的最后一抹余光，从7岁就开始干农活儿，放牛、砍柴、养鱼、插秧、开垦果园，和小伙伴们在乡野玩耍……故乡给我留下了许多美好的童年记忆，也改变了我的一生。当然，最终把农业和乡建工作当作自己的事业和职业，一方面是出于对乡村生活源自本能的、天生的喜爱，另一方面，也是建设农村的使命感使然。

我曾担心自己离开家乡后，会在追寻理想的道路上踽踽独行。但是，当我2000年高考填报志愿时，最终选择了位于陕西杨凌小镇的西北农林科技大学，选择了水土保持与荒漠化防治专业。我欣喜地发现，自己竟能够遇到这么多志同道合的朋友！“同声相应，同气相求”，我不再孤独。

从2002年加入“西安大学生绿色营”开始，我的农业和乡建之路从此一发不可收。2004年大学毕业后，历经了河北定州晏阳初乡村建设学院、国仁城乡互助合作社、北京海淀小毛驴市民农园，直至全国“爱故乡计划”，不经意间，自己在“乡间”的路上，已经行走了16年；从最初的形单影只，到初创期的学院同仁，如今已变成浩浩荡荡的乡建队伍！这期间的坎坷、艰辛和喜悦，尽管难以言表，但“成功不必我在，功成其中有我”，作为铺路石，我自己也尽力了，这是值得欣慰的事。

“夫稼，为之者人也，生之者地也，养之者天也。”(《吕氏春秋 · 审时》) 经过这十多年的摸爬滚打，才明白农业其实是天、地、人三方面共同努力的结晶。人，需要谦卑，需要找到安放自己的合适位置。我们青年人做农业，并不只是简单地热爱土地，也不是把自己真变成一个老农民，而是以农业为媒介，以新农人的姿态，为老农民代言，为农村发声，同时也回应城市的需求，缓解严峻的“三农”问题。

中国是一个建基于农业的国家，农业既是农民生活的主要内容，也是农民生计的重要来源。不管中国再怎么发展，即使城市化率超过50%，仍然有几亿人生活在农村，“三农”问题是我们不能回避的现实，农业和乡建是永恒的话题。经过三十年的改革开放，2008年的中国农业，走到了一个十字路口。农村衰败、食品安全、生态失衡……整个社会陷入严重的不安全之中，而这正是城市化、工业化向弱势群体（农民和大自然）转嫁成本造成的后果，也是整个社会陷入互害自危的明证。但同时，继2007年党的十七大提出“建设生态文明”、当年中央“一号文件”提出“建设现代农业，必须注重开发农业的多功能性”之后，2008年十七届三中全会又明确提出要建立资源节约型、环境友好型农业。小毛驴市民农园就是在这个时代节点上诞生了。十年来，依托小毛驴市民农园平台，我有幸亲历并参与推动了社区支持农业（CSA）运动在中国的萌芽、兴盛和稳态发展的整个过程。农民和市民、乡村与城市，第一次因为“食物”而“平等”合作、互助——CSA，修复的不只是生态，还有人心，以及根植在中华大地上的乡土文化，更重要的是，也在构建在地化产销对接的生态经济体系。

2017年底，迎着乡村振兴战略的新时代新气象，在小毛驴市民农园即将迎来创立十周年之际，中央党校（国家行政学院）社会与生态文明部的张孝德老师委托我编辑一本有机乡村的书，展示这十多年来新农人在CSA方面的探索。对于此事我诚惶诚恐，一是没有时间，困于小毛驴市民农园和“爱故乡”的日常琐碎工作，还要照顾家庭；二是自己理论学术水平薄弱，难以把握全局。但最终还是接下这个任务，因为自己对这个领域还是比较熟悉的，很多案例的诞生和成长，或多或少都和小毛驴市民农园有些关系，也希望回顾自己走过的路、回顾CSA探索的十年。

这本书需要十个案例，也由我来确定。考虑到案例的典型性和地理分布的均衡，我最终选定了北京的小毛驴市民农园、分享收获、天福园和北京有机农夫市集，广东的沃土工坊、四季分享，浙江的太阳公社，福建的佳美农场，河南的“山之孕土特产”网店和江西的稻香南垣合作社。

在每一个CSA农场、每一个生态农业平台的背后，都是一个鲜活、立体的灵魂。这些案例，除了“山之孕”，我都亲自去过。除了小毛驴市民农园是一个团队外，其他背后都站立着一个新农人“领袖”，他们分别是石嫣、张志敏、常天乐、郝冠辉、张和平、陈卫、魏长、杜千里和姚慧锋。他们从50后到80后，有扎根他乡的，也有返乡创业的。既有曾在商界活跃的成功人士，如张和平、张志敏、陈卫，也有从大学毕业后就开始农业创业的知识青年，比如小毛驴团队、石嫣、郝冠辉、魏长等；有些从事农业5年，如陈卫，有些已经近20年了，如张和平、张志敏。他们既是中国传统农业复兴的中坚力量，更是沟通城乡的使者，也可以称为新时代生态农业战线上的社会活动家或社会企业家。他们有些曾是我的同事，有些则是我敬重的农业前辈。他们都带着强烈的使命感而来，每一个人的智慧、坚守，对农业、农人和土地的爱，感染着我，也鼓励了我——我们已然是一个生命共同体，我们还将继续并肩奋战！当然，也特别感谢他们的信任和支持，愿意把他们的故事，交给我来“打理”。

“奋斗的青春最美丽”！这本凝聚着这些“一懂两爱”新农人生命心血的书籍，里面不只写满鲜花和掌声，还有挫折和困惑，既是对他们自己书写的农业历史的真实记录与深情回望，更是对乡村振兴新时代的献礼，期许一个美好农业、更好生活的未来！

本书案例由黄志友、严晓辉、石嫣、章亚敏、张志敏、常天乐、塔拉、郝冠辉、常婉婷、张和平、张斌、陈卫、陈晓飞、魏长、杜千里、姚慧锋等人分别进行整理修改。2013年小毛驴市民农园实习生、天津师范大学文学院研究生崔国辉参与了部分案例整理并对全书进行校稿，中国人民大学农业与农村发展学院周立教授更是在百忙之中为本书作序。全书由黄志友、崔国辉统稿，张孝德定稿。在此，对所有为本书出版付出心血和辛劳的参与者，深致谢意！

在本书付梓之际，我们也向所有生态农业与CSA运动的参与者致以崇高敬意！正是每个人对农业与土地的爱，守护着我们民族和孩子们的未来！在此，我也要特别感谢北京小毛驴市民农园团队这个坚强的后盾，能够支撑我不断探索前行！

在本书编辑过程中，因为时间仓促，编者水平有限，难免有错误或不足，敬请读者批评指正！

我们都是农民的后代！我们都是地球母亲的孩子！

与农共生，生息大地！我们任重而道远！

黄志友

2018年8月于北京小毛驴市民农园